Prevenindo Acidentes na Construção Civil

1ª edição — 2012
2ª edição — 2013

FLÁVIO RIVERO RODRIGUES

Advogado. Ex-diretor de Recursos Humanos de diversas empresas de grande porte. Possui experiência internacional na área de Segurança do Trabalho e também na de Exploração Florestal. Aposentado, atualmente dedica-se à prestação de serviços no campo da Segurança e Saúde do trabalho, ministrando cursos e palestras.

PREVENINDO ACIDENTES NA CONSTRUÇÃO CIVIL

2ª edição

Dentre os acidentes do trabalho com mortes no Brasil, 28% ocorrem na Construção Civil.

Decorrem de acidentes do trabalho nesta mesma atividade cerca de 18% das incapacidades permanentes para o trabalho.

Quedas são o principal fator causador de lesões ou mortes na Construção Civil, mas há outros importantes fatores que precisam ser prevenidos. O livro trata ainda da elaboração de um programa permanente de prevenção de acidentes.

EDITORA LTDA.

Rua Jaguaribe, 571
CEP 01224-001
São Paulo, SP — Brasil
Fone (11) 2167-1101
www.ltr.com.br

Produção Gráfica e Editoração Eletrônica: RLUX
Projeto de Capa: FÁBIO GIGLIO
Impressão: DIGITAL PAGE

LTr 4874.9
Maio, 2013

Dados Internacionais de Catalogação na Publicação (CIP)
(Câmara Brasileira do Livro, SP, Brasil)

Rodrigues, Flávio Rivero
Prevenindo acidentes na construção civil /
Flávio Rivero Rodrigues. — 2. ed. — São Paulo :
LTr, 2013.

Bibliografia.
ISBN 978-85-361-2530-5

1. Acidentes do trabalho 2. Acidentes do
trabalho — Leis e legislação 3. Acidentes do
trabalho — Prevenção 4. Construção civil
5. Construção civil — Normas de segurança
6. Segurança do trabalho I. Título.

13-04087 CDD-363.117

Índice para catálogo sistemático:

1. Construção civil : Acidentes do trabalho :
Prevenção : Problemas sociais 363.117

Dedicatória

Esta é minha segunda publicação sobre acidentes do trabalho.

Dedico este trabalho a todos os amigos prevencionistas e, em especial, à minha família, agora enriquecida com a vinda de Ícaro, meu neto nascido há pouco. A vocês, Shirley, Adriane, Flávio Luiz, Isla, Ananda e Ícaro, o meu abraço fraterno (e eterno).

O enxadão da obra bateu onze hora
Vam s'embora, João!
Vam s'embora, João!
O enxadão da obra bateu onze hora
Vam s'embora, João!
Vam s'embora, João!

Que é que você troxe na marmita, Dito?
Troxe ovo frito, troxe ovo frito
E você Beleza, o que é que você troxe?
Arroz com feijão e um torresmo à milanesa,
Da minha Tereza!

Vamos armoçar
Sentados na calçada
Conversar sobre isso e aquilo
Coisas que nóis não entende nada
Depois, puxá uma paia
Andar um pouco
Pra fazer o quilo

É dureza, João!
É dureza, João!
É dureza, João!
É dureza, João!

O mestre falou
Que hoje não tem vale não
Ele se esqueceu
Que lá em casa não sou só eu

Estes singelos versos de Adoniran Barbosa e Carlinhos Vergueiro refletem bem uma situação que já não existe mais. Será que não?

Será que ainda não temos nossos "boias-frias" espalhados por aí?

Pior, será que a simplicidade de um trabalho como esse, à base do enxadão, não estaria sendo substituída por máquinas cada vez mais complexas e que requerem conhecimentos avançados que os nossos trabalhadores da Construção Civil não têm? Será que hoje não estaríamos sofrendo mais e mais graves acidentes, para os quais não estamos preparados nem sabemos como prevenir?

Procuremos juntos a resposta para essa questão.

SUMÁRIO

PREFÁCIO

Provavelmente a Construção Civil, principalmente em nosso país, é o setor em que mais ocorrem acidentes do trabalho, muitos dos quais com consequências trágicas e mortes. Vejam abaixo os dados da Organização Internacional do Trabalho (OIT):

- Um trabalhador da Construção Civil no Brasil tem três vezes mais possibilidades de morrer em acidentes que em qualquer outro país desenvolvido do mundo. Veja:

  — Estados Unidos: 200 mortes por ano

  — União Europeia: 1.300 mortes por ano

  — China: 1.500 mortes por ano (estimativa)

  — Chile: 26 mortes por ano

  — Brasil: 26.424 acidentes na Construção Civil, resultando desde lesões leves (mas que requerem afastamento do trabalho), lesões graves, incapacidades permanentes e mortes. Se, por baixo, mesmo sem termos a noção exata de incapacidades permanentes e mortes (a estimativa do INSS, em 1999 era de 28%), nós podemos nos considerar os campeões mundiais de mortes ou incapacidades permanentes, com cerca de 7.400 casos por ano. O custo dos acidentes do trabalho no Brasil chega a 36 bilhões de reais, entre diárias pagas a acidentados, pensões por mortes, reabilitação para o trabalho, indenizações e dias perdidos em razão de acidentes. O número de mortos na Construção Civil só é menor que os decorrentes de acidentes de trânsito. Por que permitimos que tantos brasileiros percam a vida ou sua capacidade laborativa nessa atividade econômica? Há inúmeros fatores que contribuem para que isso ocorra, muitos deles ligados a projetos, materiais utilizados, resistência desses materiais, mas principalmente, creio, em razão da incapacidade e do improviso da mão de obra envolvida nessa atividade.

A verdade, entretanto, é que somos os “campeões mundiais” em matéria de acidentes na Construção Civil. Basta ver os dados da OIT-ONU sobre o assunto.

O que está na origem de tudo isso? Por que tantos brasileiros perdem a vida ou ficam mutilados ao exercerem seu modesto trabalho na atividade que, talvez, mais cresce no país, a Construção Civil?

Há várias causas. Este livro procura não apenas identificar essas causas, mas principalmente (repito: PRINCIPALMENTE) auxiliar os técnicos e os engenheiros de Segurança do Trabalho a remover as causas desse malefício que nos assola e que causa grandes prejuízos à nação, em geral, e às famílias, em particular.

Este livro visa alertar e, principalmente, treinar os trabalhadores para evitar os riscos e perigos a que estão expostos durante seu trabalho.

Nosso país possui inúmeras empreiteiras e construtoras, muitas de nível internacional, realizando grandes obras no exterior. Estou certo de que empresas como a Odebrecht, Camargo Corrêa, OAS, Queiroz Galvão, Delta, Mendes Junior, MRV, Tecnisa, Christiani-Nielsen, WTorre, Gafisa, Tenda, Serveng-Civilsan e muitas outras desse porte possuem elaborados e consistentes programas de Segurança e Medicina do Trabalho, com equipes formadas e dedicadas a identificar riscos, preveni-los e, principalmente, treinar seus trabalhadores a evitá-los.

Em contrapartida, há centenas, milhares de pequenas construtoras ou empreiteiras que não dispõem de nenhum recurso preventivo, o que redunda em números tão assustadores quanto os que expusemos acima.

O Ministério do Trabalho também publica dados (nem sempre com a frequência desejada) e muitas estatísticas envolvendo acidentes do trabalho, assim como o Instituto Nacional do Seguro Social (INSS); porém, não dispõem esses órgãos de informações mais detalhadas sobre as verdadeiras causas desses acidentes, nem como, porque ou o que antecedeu o acidente (suas verdadeiras causas) e o que foi feito depois, pois isso demandaria estudos mais avançados para os quais os órgãos públicos não dispõem de recursos adequados.

"Crescem acidentes de trabalho com volta das obras". Essa notícia está estampada em "O Estado de S. Paulo", página B4, edição de 21.01.2012. O jornal acrescentava ainda que o número de acidentes graves na indústria da Construção Civil aumentou 10% em relação a 2010, segundo o Ministério da Saúde. Os números causam espanto: no período de janeiro a outubro de 2011 pelo menos 40.779 trabalhadores desse setor sofreram acidentes graves, dos quais 1.143 vieram a falecer. Nessa mesma edição o Prof. José Pastore, da USP, estima que cerca de 71 bilhões de reais por ano é quanto o país perde em decorrência dos acidentes do trabalho e das doenças ocupacionais. Diz ainda o Prof. Pastore que esse custo certamente está subestimado pois refere-se aos trabalhadores formais, com carteira assinada.

Há, porém, um custo social inestimável, vivido pelos familiares dos acidentados, que na maioria das vezes são os únicos provedores da família que, assim, vê-se impossibilitada de sobreviver condignamente.

Este livro procura contribuir para minimizar essas estatísticas, trazendo regras e informações essenciais para a prevenção de acidentes na indústria da Construção Civil, colaborando com técnicos de segurança, engenheiros, médicos e enfermeiros do trabalho, além de valorizar a ação da fiscalização do trabalho e o próprio Sindicato dos Trabalhadores no setor.

Resta, portanto, à iniciativa das empresas e empreiteiras, grandes ou pequenas, o trabalho de agir no sentido de prevenir acidentes nas atividades da Construção Civil.

É o que pretendemos, modestamente, abordar nesta publicação.

O autor.

CAPÍTULO 1

RESUMO HISTÓRICO DA CONSTRUÇÃO CIVIL

De maneira geral, há três modalidades de Construção Civil: as construções leves, tais como casas residenciais, casas de comércio e pequenos armazéns; as construções pesadas, como edifícios de médio ou grande porte e industriais médios; e as construções superpesadas, tais como grandes estradas, ferrovias, viadutos e pontes, hidroelétricas, usinas de força e, ultimamente, túneis de metrô e até os futuros assim chamados "trens-bala".

Como e o que fazíamos, em termos de Construção Civil, no passado remoto?

É sabido que a humanidade, até uns 50.000 anos atrás (ou mais), vivia se deslocando de um lugar para outro, em busca de caça, pesca ou simplesmente coletando os alimentos que encontravam. A África subsaariana, o sul da Europa (na região do Mediterrâneo), a China e o Oriente Médio foram os locais onde tudo começou.

Naqueles tempos difíceis, é certo que o homem procurava cavernas ou grutas que fossem as mais seguras para morar, dormir, cozinhar, enfim, tocar a vida adiante. É certo também que a expectativa de vida do homem dificilmente passava dos 30 anos, em face dos riscos que enfrentava, doenças, ataque de animais ou outras tribos concorrentes.

É fácil imaginar como seria a vida humana dentro daquelas cavernas imundas e inseguras, poluídas, úmidas, onde faziam suas necessidades pessoais, criavam seus bebês e viam morrer os mais fracos ou os mais velhos.

Em suas andanças por aquele mundo antigo, onde hoje estariam países como o Sudão, o Egito, a Somália, a Tanzânia, o Iraque (antiga Mesopotâmia, que pode ser considerada por muitos autores como o berço da civilização), a Turquia e outras regiões próximas, o homem foi descobrindo lugares mais aprazíveis para viver, principalmente nas proximidades de rios piscosos. O advento do fogo (inicialmente em decorrência de queimadas subsequentes a raios) e posteriormente por engenhosas formas de atrito com materiais facilmente inflamáveis, talvez tenha contribuído para que as pessoas deduzissem que seria melhor permanecerem em locais fixos, ao invés de ficarem vagando pelas pradarias à procura de locais onde pudessem se instalar.

Logo a seguir, o homem iniciou a construção de vasos cerâmicos, dando início a uma nova fase em sua vida, o armazenamento de água e comida, possibilitando um novo "modus vivendi".

A princípio, os cerca de 12 milhões de pessoas que habitavam nosso planeta a uns 25.000 ou 30.000 anos concentravam-se no leste da África, ao longo das planícies férteis do chamado Oriente Médio (onde hoje se localiza o Iraque e, principalmente, a Turquia) (e onde também coletavam azeitonas, nozes, figos, uvas nativas e outros frutos naturais), e no sul da Europa, junto ao Mediterrâneo, onde construíram suas moradias, cabanas e grutas e viviam da caça e do extrativismo, fazendo da busca por comida uma tarefa diária e estafante, mas disciplinada. A descoberta do fogo, como afirmado acima, possibilitou ao homem cozinhar seus alimentos junto às entradas das grutas e cabanas.

Já no período neolítico, por volta de 10.000 a.C., o homem dispunha de armas e equipamentos (principalmente o bronze e, bem mais tarde, o ferro) que lhe permitia trabalhar com mais eficiência e rapidez. Surgiram, a partir daí, as primeiras manifestações de arte, inicialmente os maravilhosos e intrigantes desenhos rupestres em grutas; porém, o homem foi aos poucos se tornando sedentário, com papéis claramente definidos na busca de caça e alimentação.

Usavam-se instrumentos variados, até que um fato notável ocorreu: o advento da agricultura. Colhiam-se sementes de cereais antigos, plantados ao longo de habitações mais ou menos fixas. O arroz foi inicialmente o vegetal que lhes possibilitava sobreviver às mais duras condições de clima e, assim, saciar a fome durante períodos prolongados de seca, pois o arroz resiste ao tempo e permite ser conservado por longos períodos.

É sabido que os primeiros cultivares tiveram origem no Extremo Oriente, principalmente onde hoje está a China, uma das mais antigas civilizações humanas.

Mais uma vez enfatizamos que a Construção Civil está intimamente ligada ao advento da agricultura, pois uma dependia diretamente da outra, possibilitando a ambas criarem meios de vida mais saudáveis e, por conseguinte, melhores condições de vida dos habitantes daquelas regiões.

Foi a partir daí que teve início um longo processo entre o homem e seu meio ambiente, sempre na busca de melhores condições de vida, segurança e abastecimento de alimentos.

Desde aqueles tempos remotos foi incansável a busca, pela humanidade, de melhores e mais seguras condições de vida.

Paulatinamente o homem passou a procurar por melhores lugares para viver, domar suas caças, criar seus animais domésticos e, por fim, outros lugares para viver, mais salubres que as cabanas e grutas que até então habitava.

Com a descoberta do bronze, inicialmente, e do ferro malhado em bigornas rudimentares, conseguiram esses povos um extraordinário crescimento quanto às suas habitações, seus modos de vida e, principalmente, quanto à evolução de sua maneira de viver e de produzir lares habitáveis e relativamente mais confortáveis que simples cabanas.

Nascia aí a verdadeira e perene noção de Construção Civil, que seguiria por muitos séculos adiante.

Lembremo-nos: até aqueles longínquos dias de nossos antepassados o passar do tempo resumia-se a viver em grutas, cavernas ou choupanas, sem se preocupar com o dia de amanhã. À medida que essas preocupações passaram a fazer parte da vida dessas civilizações, o mundo se tornou outro.

Desde aqueles tempos até nossos dias os processos de engenharia e arquitetura na Construção Civil têm evoluído significativamente, mas o grande salto arquitetônico ainda estaria por vir, com a construção no primeiro milênio de obras monumentais.

Na Idade Média, entre os anos de 1300 e 1400, imensos castelos medievais, como os de Florença, além da própria Capela Sistina, no Vaticano, são exemplos vivos da Engenharia e Arquitetura daqueles tempos. Esses exemplos ocorreram, é verdade, quando já se manipulava calcário endurecido e pedras, já que o cimento só seria descoberto muitos séculos depois. Na França, em Paris, erigiram-se colunas gigantescas para suportar a *Pont Neuf* (por sinal, apesar do nome, é a mais velha ponte da cidade) e por ali ainda trafegam milhares de carros e pedestres a cada dia. Verdadeira obra de arte.

Mão de obra escrava ou servil era abundante. Engenheiros e, principalmente, arquitetos que trabalharam em grandes obras durante os anos 1300 a 1500 eram prestigiados e subsidiados por papas ou grandes mecenas. Mas isso já é parte mais recente da história da Construção Civil e não é relevante abordar esses temas nesta obra.

Voltemos às suas origens, ou, mesmo, à sua evolução histórica, desde os tempos das cavernas até as mais recentes tabas ou ocas de nossos indígenas.

Temos também no México e nos Andes verdadeiras cidades e templos que ainda resistem até hoje. Construções feitas de tijolos secados ao sol e pedras calcárias pelos maias, astecas e incas se constituem em pontos de atração turística.

Na América pré-colombiana, a contar dos esquimós no extremo norte até nossos indígenas amazonenses, há incontáveis avanços dos meios de moradia e relações comunitárias.

CAPÍTULO 2

AS PRIMEIRAS "CONSTRUÇÕES"

Progressivamente os primeiros humanos perceberam que a vida fora das cavernas poderia ser mais segura e confortável. As palafitas provavelmente foram as primeiras formas organizadas de Construção Civil. Embora fossem construções rústicas, erguidas acima do solo sobre pilastras, eram edificações que lhes permitiam melhores condições de vida e segurança contra ataques de animais selvagens, além de serem, apesar de sua rusticidade, muito

mais confortáveis que as antigas e temerárias cavernas onde viveram por muitos séculos. Na Antiguidade a construção de uma palafita exigia muito esforço e trabalho, em razão da precariedade dos instrumentos de que se dispunha na época (machados de pedra lascada), galhos de árvores, seixos, argila, cobertura de sapé ou folhas de coqueiros, situava-se próxima a cursos d´agua, de onde passaram a domesticar animais (cabras, carneiros, bovinos etc.), aos quais davam tratamento em troca de leite, carne e peles.

As palafitas também lhes permitiam criar aves e utilizar seus ovos, seja para consumo ou reprodução. Esse foi um dos períodos mais ricos de nossa pré-história.

Em matéria de Construção Civil, portanto, ao deixar suas grutas imundas e passar a construir palafitas junto a cursos d´agua, o homem deu um grande passo histórico. Já por volta de 10.000 a.C., passaram a surgir as primeiras habitações dignas desse nome, feitas a partir de pedras e sedimentadas com uma espécie primitiva de concreto, argila ou dejetos de animais.

Estava, assim, inaugurada a Construção Civil, propriamente dita, em substituição aos antigos métodos de vida em grutas e cabanas, embora alguns ameríndios no oeste americano já sabiam armar tendas e os indígenas primitivos das selvas brasileiras já dispusessem de habitações coletivas (tabas ou ocas), onde toda a tribo se abrigava.

Nos Andes (incas) e no atual México (maias e astecas) desenvolveram-se pirâmides de pedra e já se dispunha de habitações relativamente seguras e limpas, utilizando também tijolos rudimentares fixados com calcário queimado, argila e dejetos de animais, os quais serviam como “liga”.

1. OS TIJOLOS E AS PRIMEIRAS CIVILIZAÇÕES

É certo que os sumérios foram os primeiros grandes construtores, legando--nos os primórdios da escrita e executando algumas obras gigantescas para a época. Localizavam-se ao sul do atual Iraque, entre os rios Tigre e Eufrates (antiga “Mesopotâmia”), onde ergueram vários edifícios. Há ainda ruínas de cidades erguidas há 5.000 anos, utilizando métodos rudimentares de construção, redes de abastecimento de água e descarga de esgotos (mais tarde os romanos criaram a “Cloaca Maxima”, que era um dos primórdios dos esgotos sanitários de hoje). Expandiram-se para o litoral do Oriente Médio onde construíram vilas e povoamentos à beira-mar.

As primeiras residências começaram a ser erguidas a partir de 5.000 anos a.C., inicialmente feitas de tijolos de barro misturado com argila, calcário, palha, restos de caules de arroz ou pedaços de madeira, tudo isso prensado manualmente em formas e, logo depois, deixado a secar ao sol. Muitos dos palácios antigos eram erguidos dessa forma, mas pouca coisa restou para as pesquisas dos arqueólogos, pois esses tijolos não resistiram ao tempo.

Muita madeira, abundante naqueles tempos, também era usada não apenas para escoramento dos edifícios como também para elaborar a própria residência (ainda hoje se pode observar, em certas regiões, casas totalmente erguidas em madeira).

Simultaneamente uma notável e duradoura civilização fixava-se ao longo do Rio Nilo: os antigos egípcios.

Suas obras eram (e ainda são) admiradas por características até então desconhecidas: estátuas majestosas e, principalmente, as enigmáticas pirâmides-túmulo, onde despojos e objetos de arte eram dispostos junto a seus ocupantes.

Pergunta-se: como conseguiram construir tudo isso? As pirâmides eram dotadas de pedras descomunais, não existentes na região e transportadas não se sabe como até os locais onde ainda hoje se encontram. Estima-se que cada pirâmide exigia o trabalho simultâneo de cerca de 80.000 escravos, todos arregimentados entre tribos inimigas, mas alimentados e tratados para que o trabalho se desenvolvesse sem interrupções. Seria essa uma forma precária de "organização racional do trabalho"?

Sem dúvida os engenheiros da época já demonstravam um extraordinário senso de organização e planejamento, ao acomodarem tamanha quantidade de homens, camelos, mulas e outros animais que precisavam de água e alimento.

Construíram ainda inúmeras estátuas, esculpidas não se sabe exatamente com que tipo de ferramental, já que a siderurgia local ainda não dispunha do aço, mas apenas do bronze, material muito mais maleável, porém menos resistente.

Restam inúmeras dúvidas e perguntas, mas o fato é que deixaram um legado incrível a mostrar até nossos dias que a Construção Civil tem uma história maravilhosa e genial.

Papiros daqueles tempos, mesmo que precariamente conservados, ainda deixam antever desenhos, croquis e plantas baixas sobre edificações, elaboradas por engenheiros e arquitetos das cortes imperiais do antigo Egito.

Quem se dispuser a visitar o museu do Cairo poderá deliciar-se com desenhos e escritos datados de 3.000 anos a.C., e verificar com surpresa que a Construção Civil não é tão somente um engenho dos dias de hoje, embora já possamos contar com materiais e recursos técnicos que os engenheiros das primeiras dinastias egípcias jamais pudessem imaginar.

Resta-nos perguntar, para quem hoje estuda e pratica a Segurança no Trabalho, quantas vidas se perderam naqueles tempos, quanta gente resultou mutilada, quanto esforço teria sido produzido para construir túmulos de faraós...

2. OS GREGOS

Ainda na Antiguidade destacam-se as obras realizadas pela civilização grega e pelos macedônios, em geral, embora estes últimos fossem mais conquistadores do que construtores propriamente ditos (afinal, a conquista e os saques eram rentáveis...). Obras como o *Parthenon*, com suas colunas perfeitas, ainda desafiam a imaginação de nossos engenheiros.

Grandes cidades-estado, como Atenas, Tebas e Esparta, foram erguidas e abrigaram várias dinastias de reis e rainhas, muito embora sucessivas guerras entre elas (Cartago, por exemplo), tivessem reduzido essas obras a meros escombros, os quais ainda estão sendo pesquisados por arqueólogos interessados em conhecer mais detalhadamente os métodos utilizados há 40 séculos.

Os gregos legaram-nos inúmeros exemplos de Arquitetura e Engenharia Civil, após obterem conhecimentos específicos ao expandirem seu império por áreas já aculturadas e com ampla gama de edifícios sólidos e resistentes.

Guerrearam e, além do butim de guerra, trouxeram conhecimentos de Arquitetura e Engenharia que lhes seriam úteis, posteriormente, na construção de seus palácios e residências comuns.

A Grécia também deixou inúmeros exemplos de Engenharia, Matemática, Medicina, Filosofia, além de profusa história da Antiguidade e dos seus tempos.

Observa-se, ainda hoje, a precisão dos gregos ao utilizarem o mármore, principalmente, na elaboração de colunas e alicerces firmes para os palácios e demais construções daquela época. Estamos falando de cerca de 3 a 4 séculos a.C.

As guerras púnicas, que duraram cerca de 40 anos, também foram um dos fatores que contribuíram para a evolução cultural e científica dos gregos, pois Cartago, naquela época, talvez fosse a cidade mais rica e avançada em Construção Civil, tendo construído lagos artificiais, avenidas e portos jamais igualados naqueles dias.

3. OS ETRUSCOS E OS ROMANOS

A Etrúria, situada ao norte da península itálica, fora conquistada pelos romanos por volta do século V a.C., usufruindo de suas técnicas e arte, construindo estradas, aquedutos e aproveitando seus conhecimentos para a realização de várias outras obras. Não se sabe exatamente de onde vieram os etruscos, nem há vestígios de seu destino, pressupondo-se ter havido miscigenação com os próprios romanos, gerando, a partir daí, várias obras civis, pois os etruscos eram bons em edificações, artes e monumentos.

Como fizeram isso? Obras ainda vivas (embora parcialmente), como o Coliseu romano, são exemplos da Engenharia Civil da época, tendo os romanos aplicado com êxito, numa época em que não havia cimento, a técnica do encaixe em forma de cunha entre os componentes da construção, permitindo um efeito que persiste até hoje e possibilita a formação de abóbodas, mediante o encaixe perfeito e a firmeza dos componentes da obra. Uma das grandes invenções dos romanos foi a abóboda em curva, onde se introduzia uma espécie de cunha de pedra entre duas outras pedras, fixando-a firmemente, de forma a suportar o peso de cada uma. O Coliseu romano nos dá uma visão perfeita dessa técnica, podendo suportar, na época, milhares de espectadores.

Roma, naquela época, era uma cidade suja e cheia de criminosos e assaltantes, atraídos pelas novas oportunidades de trabalho decorrentes da construção de grandes edifícios e pela ampla circulação da moeda. Já na era Cristã, o Papa Pio II iniciou uma grande empreitada de construção de edifícios públicos, os quais transformaram Roma no "centro do mundo".

Alguns anos mais tarde, o Papa Sixto V mandou, literalmente, "caçar e punir, até mesmo com a morte", quadrilhas de assaltantes e criminosos, tornando Roma uma capital de império limpa e provida de água encaminhada através de aquedutos, água essa distribuída a vários pontos da cidade. Por volta do ano 80, Roma encontrou seu apogeu como império e, desse modo, dominou vastas áreas de regiões vizinhas.

Isso não teria sido possível sem a presença e a atuação científica (para os padrões da época) de engenheiros e arquitetos da corte imperial, cujo poder perdurou até meados do século V.

Importante, também, acrescentar que as antigas experiências romanas na Construção Civil foram beneficiar, vários séculos depois, os grandes arquitetos de Florença, Pisa e outras cidades, nos anos 1200 a 1400, já da nossa era, com magníficas obras arquitetônicas, estátuas, fontes d´água, capelas e até mesmo igrejas suntuosas.

A Torre de Pisa é um dos exemplos marcantes dessa época.

Começou a ser construída em 1157 e foi concluída em 1350, com a finalidade de abrigar os sinos da cidade.

Com o peso da obra arquitetônica, suas fundações cederam ao terreno frágil e sem estrutura adequada, fato que acabou culminando com a inclinação da torre.

Muitos outros exemplos de construções durante a Idade Média ainda persistem até nossos dias, constituindo-se em atrações turísticas de muitos desses locais.

Veremos mais detalhes nos Capítulos seguintes.

4. OS CHINESES

Donos de amplos conhecimentos tecnológicos para a época, já naqueles tempos, os chineses possuíam tecnologia ímpar e obtiveram grandes avanços na construção de palácios, vilas e importantes cidades vitais para o comércio entre o Extremo Oriente e os países do assim chamado "oriente fértil". Quanto à Construção Civil, o maior exemplo de eficácia na época foi a construção da Muralha da China, com objetivos meramente militares. Imagine, porém, o que seria construir na época (200 a.C.), 2.200 quilômetros de muralhas, durante quase 700 anos, utilizando soldados, camponeses, escravos e trabalhadores em geral para proteger o país contra invasões estrangeiras. É bem verdade que essa muralha não foi capaz de evitar invasões, como aconteceu contra os mongóis e outros povos e dinastias da própria China, mas essa gigantesca obra demonstra a capacidade dos chineses em construir uma espécie de fortaleza naqueles tempos em que materiais e mão de obra eram escassos e as técnicas de Engenharia não eram avançadas, se considerarmos os dias de hoje. Lembremo-nos, porém, de que essa obra teve início há mais de 2.000 anos e perdurou por outros 400 anos.

Já naquela época os chineses haviam inventado o papel (a um custo muito mais baixo que os papiros), desenvolveram uma escrita baseada em 33.000 caracteres (um absurdo para os dias de hoje), inventaram o leme de popa, a pólvora e criaram sistemas para prever terremotos, legando-nos sábias informações sobre Construção Civil, defesa, comércio internacional e, principalmente, noções de ordem, disciplina e submissão aos superiores.

Durante a dinastia Han, que perdurou por cerca de 400 anos, a China viu desenvolver um grande período de fertilidade, graças ao arroz irrigado, o qual podia ser colhido em duas safras, como também na construção e consolidação de grandes cidades, como Pequim e Xiam Chung (habitada por cerca de dois milhões de pessoas e capital da rota da seda e do comércio chinês com o Oriente). Mais uma vez surge a pergunta: de que forma os chineses da Antiguidade conseguiram criar grandes comunidades, algumas com mais de um milhão de habitantes, provendo-lhes moradia, esgotos, abastecimento de água e demais serviços ligados à saúde, educação, burocracia pública etc.?

É um mistério... Irrigação? Há dois mil anos os chineses ligaram os rios Yang-tse ao Hoang Ho, tudo feito à base de pá e picaretas, empregando milhares de trabalhadores.

Em matéria de Construção Civil os chineses de cerca de 2.000 anos a.C. legaram-nos conhecimentos e tecnologia que ainda perduram, tais como pontes estaiadas, as quais ainda hoje servem de modelo para construções modernas. Levemos em consideração que naquela época ainda não existiam cabos de aço que, essencialmente, dão suporte à estrutura da ponte.

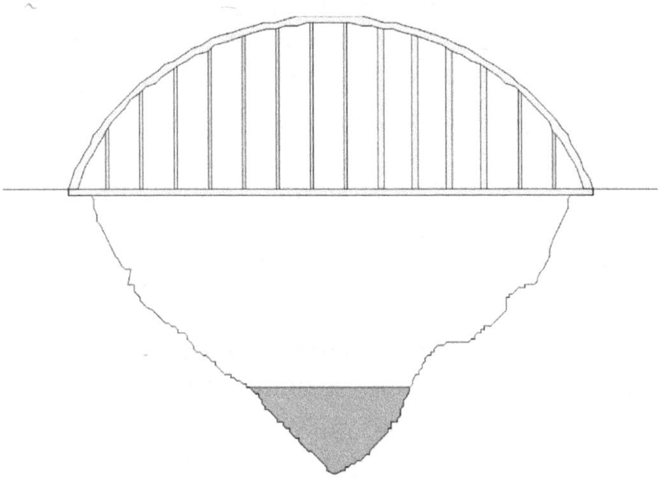

5. OS ÁRABES

Durante os séculos VII e VIII, os árabes, já influenciados pelo Islã, iniciaram a conquista de países próximos, dominando toda a península árabe, desde os desertos líbios até o pontal marroquino. A partir daí invadiram o sul da Espanha e ali constituíram grande império, o qual perdurou por cerca de 600 anos. Historicamente isso é importante, mas não menos importantes foram as imensas obras de arte geradas pelos mouros na região sul da Espanha, obras que perduram até nossos dias.

Pergunta-se, ainda hoje, como os árabes conseguiram construir mesquitas e edifícios públicos desde aquelas épocas, a partir de 1.000 anos a.C. e culminando com obras já a partir do século V, que até hoje constituem-se em maravilhosas obras de arte. Grande parte da Catalunha, Sevilha, Alhambra e outros sítios são até hoje obras de admiração para quem os visita. Estima-se que, apesar do então ideário religioso, milhares de islâmicos ali professavam sua fé, livremente, ao lado de cristãos, judeus e seguidores de outros credos. Como seria bom, em nossos dias, que cada um professasse sua fé livremente...

Ali os árabes, dirigidos por sábios califas, construíram entrepostos militares e de comércio, tendo chegado até o sul da França, de onde foram repelidos na célebre batalha de Poitiers. Nem por isso deixaram os árabes de legar-nos magníficas obras arquitetônicas, cujas influências ainda perduram.

Profundos conhecedores da Matemática, da Astronomia, da Geometria e de Engenharia, os árabes deixaram no sul da Europa obras civis que perduram até nossos dias, até, finalmente, darem lugar aos reinados recém-fundados de Portugal e Espanha (já unificada). Pergunta-se: que materiais usavam, quais eram suas técnicas de Construção Civil, de que forma conseguiram legar até nossos dias maravilhosas obras de arte civil que até hoje nos encantam?

Sabe-se que os árabes daquela época utilizavam calcário solidamente endurecido, de forma a suportar colunas de mesquitas, minaretes e outras construções palacianas. A Construção Civil, portanto, evoluía de forma inexorável. Foram os árabes os primeiros a "cozinhar" tijolos de barro, em fornalhas a lenha a 800° C, dando-lhes resistência e durabilidade. Inventaram, assim, as primeiras "olarias".

As grandes catedrais construídas para honrar princípios religiosos ditados pelo Papa são provas ainda vivas desse progresso arquitetônico: Notre Dame, Saint Dennis, Constantinopla (onde a abóbada da Catedral de Santa Sofia chegou a desabar), Chipre, Anatólia e outras grandes metrópoles da Idade Média foram profundamente influenciadas pela "concorrência" às obras do então Império Persa. Quem se detiver mais profundamente sobre o tema "As Cruzadas" saberá com detalhes o que ocorreu na Idade Média com Jerusalém e as lutas entre "fiéis" e "infiéis", mas esse não é o propósito deste trabalho.

Resta-nos perguntar de que forma os árabes conseguiram construir grandes cidades por volta do ano 1000, expandindo seu império e tornando, por exemplo, Bagdad uma das cidades mais aprazíveis do mundo medieval.

Ali se ensinavam conceitos de Matemática e Engenharia que perduraram por muitos séculos, servindo de base para os maravilhosos trabalhos arquitetônicos que adviriam após 1300 em Florença e em outras cidades importantes da Europa medieval.

6. A IDADE MÉDIA

Como disséramos anteriormente, a partir do século XI surgiram na Europa vários reinados independentes (francos, germânicos, ingleses, holandeses e, principalmente, na península itálica). Em Florença surgiram os primeiros grandes arquitetos e engenheiros de Construção Civil com formação técnica avançada para a época.

Na realidade esses reinos foram se fragmentando, cada qual mantendo sempre um grande duque e diversas cortes que exploravam o trabalho camponês. A partir daí começaram a surgir as cidades, ou "burgos", onde a Construção Civil e a Arquitetura passaram a ser consideradas como obras de arte.

Ao longo dos séculos XI e XV, há uma profusão de criações arquitetônicas extraordinárias, como habitações populares ou grandes castelos. As cidades de então, chamadas de "burgos", espalharam-se por toda a Europa. Esse período talvez tenha sido o grande "boom" da Construção Civil urbana.

Ainda hoje se pode visitar grandes castelos ingleses, igrejas, mosteiros e monumentos erguidos principalmente entre os anos 1200 e 1500.

A Ponte de Londres ("London Bridge") é uma construção remanescente daquela época, sendo feita para permitir a travessia a pé ou por carruagens sobre o rio Tâmisa, como também para permitir o acesso fácil ao Castelo de Londres, onde muitos prisioneiros e inimigos do rei foram presos e decapitados...

Embora a Torre de Londres, junto à "London Bridge", historicamente possa ser atribuída como um local tenebroso, há que se reconhecer que uma edificação daquele porte, erguida há sete séculos, com o propósito de permitir a travessia do rio Tâmisa, constituiu-se em magistral obra de Engenharia, permitindo a passagem segura entre a cidade e o inexpugnável Castelo de Londres, onde permaneciam os inimigos do regime.

Todos esses dados históricos estão sendo mencionados neste livro com a finalidade única de demonstrar que a Construção Civil não é meramente obra de nossos dias, muito menos da necessidade contínua do aperfeiçoamento das condições de vida da humanidade, mas advém de épocas imemoriais e vem sendo aperfeiçoada ao longo dos tempos.

É verdade, entretanto, que muitas das construções medievais foram erguidas com finalidades defensivas, tanto na Itália como na Espanha e no sul da França, tendo em vista invasões dos mouros e dos bárbaros norte-europeus.

Ouso, assim, afirmar que a Construção civil é fruto e, ao mesmo tempo, consequência da necessidade de a humanidade viver cada vez melhor. O papel dos construtores, portanto, desde os velhos tempos, foi primordial e decisivo na melhoria de nossas condições de vida.

CAPÍTULO 3

O CIMENTO

A *história do cimento* inicia-se no Egito antigo, Grécia e Roma, onde as grandes obras eram *construídas* com o uso de certas terras de origem vulcânica, com propriedades de endurecimento sob a ação da água. Os primeiros aglomerantes usados eram compostos de cal, areia, cinza vulcânica, palhas e estrume de animais. O cimento "Portland" é um aglomerante hidráulico fabricado pela moagem do clínquer, composto de silicato e cálcio hidráulicos.

Sabe-se que o homem primitivo deveria conhecer algum material com propriedades aglomerantes, caso contrário não teria conseguido evoluir em sua escalada na Construção Civil. Supõe-se que na Antiguidade, ao deixar suas grutas, o homem procurou materiais aglomerantes, principalmente calcário e gesso, que eram aquecidos e descarbonizados pela ação do calor. Aquecidos e depois resfriados, esses materiais formavam um pó que, uma vez resfriado (talvez pelo sereno da noite), endurecia e formava uma espécie de pedra.

Essa técnica perdurou por muitos séculos. As ruínas romanas, as pirâmides do Egito e a muralha da China demonstram que esses povos já faziam uso de algum material aglomerante entre os blocos de pedra na construção de suas obras civis.

Mais tarde, tanto gregos quanto romanos passaram a fazer uso de um composto de gesso impuro, composto de calcário calcinado e cinzas vulcânicas. Essa espécie de cimento primitivo era misturada com areia e cacos de telhas, formando, assim, um material duro. Muitas das obras daqueles tempos tinham essa origem, mas esse cimento primitivo tinha de ser adensado energicamente entre os blocos de pedra, resultando daí construções sólidas e resistentes.

Durante a Idade Média pouco se utilizou desse material, salvo em construções grandiosas, como a Igreja de Notre Dame, a Catedral de Sófia e outros monumentos principalmente ligados a religiões. Castelos na Inglaterra também utilizavam esse cimento e muitos deles ainda resistem, mesmo após cerca de 1000 anos.

Gregos e romanos guardavam em segredo os artifícios utilizados para compor esse cimento primitivo, de modo que, com o declínio de seus impérios houve uma considerável perda de qualidade nas Construções Civis, muito embora as técnicas de calcinamento de gesso com cinzas vulcânicas prosseguiram e deram origem a cidades, castelos e igrejas, apesar de sua resistência ser inferior às grandes obras da Antiguidade desenvolvidas por egípcios, gregos, romanos e chineses. É de se supor que muitas obras daqueles tempos acabaram virando pó, pois a consistência de suas ligas era precária.

Bem mais tarde, por volta de 1750, os ingleses deram início a um tipo de cimento derivado do pó de pedra calcária, o qual, embora calcinado a baixas temperaturas, era muito mais resistente do que os cimentos utilizados até então. Esse cimento já estava bem mais próximo do que hoje conhecemos como "Cimento Portland".

Esse tipo de cimento mudou completamente a história da Construção Civil, pois era facilmente endurecido em contato com a água. Já a partir do início do século IX, conseguia-se calcinar as matérias-primas em fornos dotados de temperaturas mais altas, cerca de 800° C. O material obtido, por assemelhar-se com a cor da Ilha de Portland, passou a receber o nome pelo qual o conhecemos até hoje, o Cimento Portland, cuja patente foi atribuída em 1824, pelo Rei George IV, a Joseph Aspdin, que recebeu o título honorífico de "sir".

Pode-se afirmar, sem qualquer dúvida, que o cimento foi o maior passo dado pela engenharia da Construção Civil, permitindo, anos mais tarde, o planejamento e a execução de obras monumentais, mediante o chamado "concreto armado", o qual se constituía de massa de concreto misturada a britas e armadas sobre telas de ferro.

Esse fato revolucionou a Construção Civil. O Cimento Portland é o mais antigo do mundo, tal como o conhecemos até hoje, e constitui-se em um marco histórico na Construção Civil.

Com ele, porém, vieram certas consequências danosas: seu uso indiscriminado e continuado em obras da Construção Civil, na época, passou a gerar problemas sociais decorrentes de acidentes do trabalho, já que, na época, pouca atenção se dava à prevenção de acidentes nessas obras.

À medida que a Construção Civil se expandia e novas técnicas de Engenharia e Logística eram incorporadas a essas atividades, mais crítica se tornava a questão dos acidentes do trabalho.

Hoje em dia, técnicas modernas de transporte e mistura de cimento possibilitam grandemente a utilização do chamado concreto armado, resultante da aplicação do cimento, brita e malhas de ferro, o que possibilita a construção de grandes obras.

É importante levar em consideração que, à medida que novas tecnologias aplicadas à Construção Civil são desenvolvidas, mais necessário se torna treinar e preparar o pessoal para assumir o controle e o comando desses novos equipamentos.

Embora ainda hoje sejam utilizadas ferramentas antiquadas, como pás e carrinho de mão, há disponibilidade de novos equipamentos aplicados à Construção Civil. Há inúmeros exemplos de equipamentos mecanizados cuja operação é feita por pessoal não qualificado e bem treinado, como comentaremos mais adiante, podendo causar acidentes terríveis.

Vale, entretanto, repetir a máxima: "quanto mais se automatiza, tanto mais se necessita de mão de obra qualificada e muito bem treinada". Sem isso, o uso de computadores, máquinas avançadas e programas de informática (tipo Acad) torna-se deficiente. Mais uma vez é necessário aplicar a fórmula dos três T: treinamento, treinamento e treinamento.

Voltaremos ao cimento no item entitulado "Alvenaria" (pág. 85). Os blocos não só são utilizados para apressar o término da obra, como também pelo fato de as olarias para tijolos de barro estarem cada vez mais raras, pois exigem a procura por barro argiloso e lenha para aquecer os fornos.

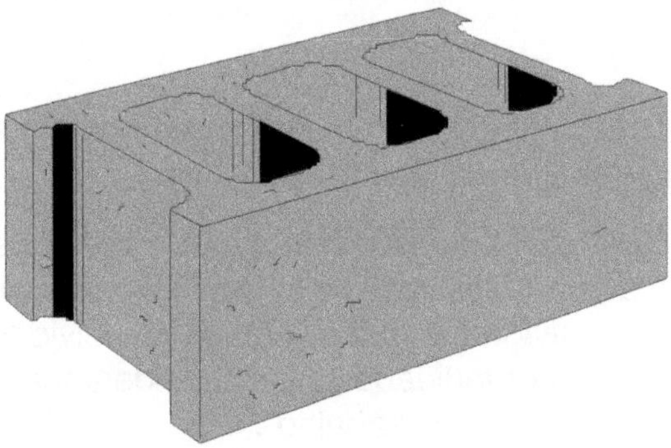

CAPÍTULO 4

CONSIDERAÇÕES SOBRE ACIDENTES DO TRABALHO

Chegamos, por fim, à análise dos problemas que originam a grande maioria dos acidentes do trabalho na Construção Civil.

A Construção Civil tem características geradoras de riscos ambientais que dão origem aos mais variados tipos de acidentes, principalmente em razão da grande variedade de atividades que ali são desenvolvidas. Antes, porém, de analisarmos em maior profundidade essas considerações, cabe comentar a definição técnica de "acidente do trabalho".

• Fundamentos Legais

Desde 1988 e a Constituição Federal já definia claramente que os direitos dos trabalhadores, urbanos ou rurais, abrangem a melhoria de sua condição social.

Definia também a redução dos riscos inerentes ao trabalho, por meio de normas de saúde, higiene e segurança.

Apesar de vagos e imprecisos, esses fundamentos legais têm, em si, a qualidade de tornar obrigatórias essas responsabilidades. Faltavam, entretanto, normas precisas, a começar por uma clara definição sobre o que é acidente do trabalho.

A legislação brasileira define, em termos gerais, o acidente do trabalho como sendo "aquele que decorra do exercício do trabalho, causando a morte ou lesões ou doença profissional, sendo estas de caráter permanente ou temporário, total ou parcial".

Muitos especialistas divergem dessa conceituação, defendendo a tese de que o acidente do trabalho nem sempre causa a morte, lesões ou ainda perturbações funcionais. Vejam o exemplo a seguir:

Um operário acaba de deixar um sanitário quando uma pilha de tijolos desaba e por pouco não o atinge, e ele não sofre qualquer dano físico. Isso foi acidente?

Certamente, pois o acidente, em si, foi a queda dos tijolos, embora lesão alguma tivesse resultado do acidente. O fato é que o acidente, em si, foi a queda dos tijolos (que caíram por alguma razão a ser analisada). Num caso como esse, a legislação brasileira considera que não houve acidente.

Afinal, por que aqueles tijolos vieram a desabar? Essa é a questão primordial que precisa ser analisada e esclarecida.

Fatos como esse são muito comuns na indústria da Construção Civil e geralmente recorre-se à tradicional afirmativa "Quase! Foi por pouco! Ainda bem que ninguém se machucou..."

Isso é um grande engano, pois até mesmo os chamados "acidentes materiais" devem ser levados em conta e tratados como acidentes do trabalho, embora ninguém tenha saído ferido. Em outras palavras: os tijolos em questão não deveriam ter caído e é preciso analisar as verdadeiras causas do desabamento, pois da próxima vez fatos como esse podem resultar em ferimentos.

Em resumo: acidentes são algo que não deveria nem poderia ter ocorrido, resultem ou não em vítimas pessoais, perturbação funcional ou lesões. Até mesmo aqueles acidentes que resultem em simples perda de tempo, requerendo apenas um rearranjo de materiais, sem resultarem em vítimas ou ferimentos, devem ser considerados como algo que não deveria nem poderia ter ocorrido.

Por quê? Na próxima vez que acidente idêntico ocorrer, poderá haver lesão ou vítima.

Esse conceito prevencionista tem sido largamente difundido por todas as organizações dedicadas ao assunto, em todos os países do mundo, e principalmente pela Organização Internacional do Trabalho (OIT). Em resumo: **ACIDENTES SÃO PREVENÍVEIS E PODEM SER EVITADOS!**

CAPÍTULO 5

A LEGISLAÇÃO

Além do disposto, genericamente, na Constituição brasileira, como afirmado anteriormente, há que se mencionar o disposto no art. 200 da Consolidação das Leis do Trabalho, embora instituída haja, ainda contém certos dispositivos que permanecem atuais. Em seu art. 200, a CLT determina caber ao Ministério do Trabalho estabelecer disposições complementares, tendo em vista as peculiaridades de cada atividade ou setor de trabalho, especialmente quanto às:

> I — Medidas de prevenção de acidentes e os equipamentos de proteção individual em obras de construção, demolição ou reparos.

É bem verdade que, tempos depois (entre 1997 e 1998), foram editadas normas mais detalhadas — extremamente detalhadas — sobre as atividades de construção, demolição ou reparos. Vamos abordá-las exaustivamente ao longo deste trabalho.

A própria CLT, que já está a merecer uma revisão, tamanho é o volume de leis, decretos e legislação pertinente, também cuidava da prevenção de acidentes e, principalmente, das obrigações inerentes a empregadores e empregados quanto à segurança do trabalho. Vejamos:

> Art. 154. A observância, em todos os locais de trabalho, do disposto neste Capítulo não desobriga as empresas do cumprimento de outras disposições que, com relação à matéria, sejam incluídas em códigos de obras ou regulamentos sanitários dos Estados ou Municípios em que se situem os respectivos estabelecimentos, bem como daquelas oriundas de convenções coletivas de trabalho.
>
> Art. 155. Incumbe ao órgão de âmbito nacional competente em matéria de segurança e medicina do trabalho:
>
> I — estabelecer, nos limites de sua competência, normas sobre a aplicação dos preceitos deste Capítulo, especialmente os referidos no Art. 200;
>
> II — coordenar, orientar, controlar e supervisionar a fiscalização e as demais atividades relacionadas com a segurança e a medicina do trabalho em todo o território nacional, inclusive a Campanha Nacional de Prevenção de Acidentes do Trabalho;
>
> III — conhecer, em última instância, dos recursos voluntários ou de ofício, das decisões proferidas pelos Delegados Regionais do Trabalho, em matéria de segurança e medicina do trabalho.

IV — (prejudicado, em razão de normas posteriores).

Art. 157. Cabe às empresas:

I — cumprir e fazer cumprir as normas de segurança e medicina do trabalho;

II — instruir os empregados, através de ordens de serviço, quanto às precauções a tomar no sentido de evitar acidentes do trabalho ou doenças ocupacionais;

III — adotar as medidas que lhes sejam determinadas pelo órgão regional competente;

IV — facilitar o exercício da fiscalização pela autoridade competente.

Art. 158. Cabe aos empregados:

I — observar as normas de segurança e medicina do trabalho, inclusive as instruções de que trata o item II do artigo anterior;

II — colaborar com a empresa na aplicação dos dispositivos deste Capítulo.

Parágrafo Único. Constitui ato faltoso do empregado a recusa injustificada:

a) À observância das instruções expedidas pelo empregador na forma do item II do artigo anterior;

b) Ao uso dos equipamentos de proteção individual fornecidos pelas empresas.

Nota do autor: o item II do art. 157 é bastante claro e ainda atual, cabendo às empresas a responsabilidade por instruir os empregados quanto aos riscos e às precauções a serem tomadas no sentido de prevenir acidentes. Nesse sentido, a necessidade de treinamento e capacitação dos trabalhadores torna-se uma obrigatoriedade dos empregadores e, por extensão, dos Técnicos e Engenheiros de Segurança atuando em um canteiro de obras.

CAPÍTULO 6

A NR-18 E LEGISLAÇÃO PERTINENTE

A partir de 08/06/1978, o Ministério do Trabalho (atualmente denominado MTE — Ministério do Trabalho e Emprego — editou a Portaria n. 3.214, constituída de vinte e oito Normas Regulamentadoras de segurança no trabalho urbano e mais cinco normas relativas ao trabalho rural.

Essas Normas Regulamentadoras (conhecidas, de modo geral, como NRs), deram novos rumos à prevenção de acidentes e à saúde no trabalho em todo o país. Hoje essas NRs já são 34 e estabelecem critérios muito objetivos sobre as condições em que o trabalho deve ser realizado em várias das atividades industriais do país.

As Normas Regulamentadoras referentes ao trabalho rural foram revogadas, por estarem em muitos de seus aspectos ligadas às atuais 34 Normas Regulamentadoras, aplicando-se, ao trabalho rural, os mesmos princípios das demais normas.

Dentre as Normas Regulamentadoras, provavelmente a mais complexa e extensa é a NR-18, a qual trata especificamente de medidas de segurança na Construção Civil, abrangendo desde aspectos relativos à prevenção dos acidentes do trabalho até mesmo condições de higiene e moradia dos trabalhadores nos assim chamados "canteiros de obras". Muito extensa e detalhista, a NR-18, a qual trata de assuntos relativos às condições e meio ambiente nos trabalhos de Construção Civil, apresenta o seguinte sumário:

18.1 — Objetivo e Campo de Aplicação

18.2 — Comunicação Prévia

18.3 — Programa de Condições e Meio Ambiente de Trabalho na Indústria da Construção Civil

18.4 — Áreas de Vivência

18.5 — Demolição

18.6 — Escavações, Fundações e Desmonte de Rochas

18.7 — Carpintaria

18.8 — Armações de Aço

18.9 — Estruturas de Concreto

18.10 — Estruturas Metálicas

18.11 — Operações de Soldagem e Corte a Quente

18.12 — Escadas, Rampas e Passarelas

18.13 — Medidas de Proteção Contra Quedas de Altura

18.14 — Movimentação e Transporte de Materiais e Pessoas

18.15 — Andaimes

18.16 — Cabos de Aço

18.17 — Alvenaria, Revestimentos e Acabamento

18.18 — Serviços em Telhados

18.19 — Serviços em Flutuantes

18.20 — Locais Confinados

18.21 — Instalações Elétricas

18.22 — Máquinas, Equipamentos e Ferramentas Diversas

18.23 — Equipamentos de Proteção Individual

18.24 — Armazenamento e Estocagem de Materiais

18.25 — Transporte de Trabalhadores em Veículos Automotores

18.26 — Proteção Contra Incêndio

18.27 — Sinalização de Segurança

18.28 — Treinamento

18.29 — Ordem e Limpeza

18.30 — Tapumes e Galerias

18.31 — Acidente Fatal

18.32 — Dados Estatísticos

18.33 — CIPA (Comissão Interna de Prevenção de Acidentes) nas Empresas da Indústria da Construção

18.34 — Comitês Permanentes sobre Condições e Meio Ambiente na Indústria da Construção

18.35 — Recomendações Técnicas de Procedimento

18.36 — Disposições Gerais

18.37 — Disposições Finais

18.38 — Disposições Transitórias

18.39 — Glossário

Quanto aos demais itens legislativos referentes à prevenção de acidentes do trabalho, vale lembrar o preceito contido no art. 7º da Constituição Federal, item XXII, que garante aos trabalhadores redução dos riscos inerentes ao trabalho, por meio de normas de saúde e segurança.

CAPÍTULO 7

O PCMAT E DÚVIDAS QUANTO À SUA APLICAÇÃO

Um dos principais tópicos da NR-18 é o PCMAT, ou seja, Programa de Condições e Meio Ambiente na Indústria da Construção, cuja elaboração e cumprimento são obrigatórios nos estabelecimentos com 20 trabalhadores ou mais, observando-se todos os aspectos contidos na NR-18 e dispositivos complementares. Deve, também, contemplar as exigências discriminadas na NR-9 — Programa de Prevenção de Riscos Ambientais.

O PCMAT deve ser elaborado por profissional legalmente habilitado na área de Saúde e Segurança do Trabalho (técnico de Segurança do Trabalho, engenheiro de Segurança do Trabalho e/ou médico do Trabalho), quando exigido, e possui as seguintes características gerais:

- O PCMAT deve ser mantido no estabelecimento à disposição do órgão regional do Ministério do Trabalho e Emprego. Isso significa que esse dispositivo deve estar acessível à fiscalização do trabalho e, assim, norteará a execução de todos os princípios da NR-18. Podemos deduzir, portanto, que nenhuma obra de médio ou grande porte (com mais de 20 trabalhadores) estará regularmente formalizada se não possuir o PCMAT devidamente elaborado.

- A responsabilidade pela implementação do PCMAT é do empregador (geralmente a companhia construtora) ou do condomínio que esteja levando adiante a obra.

- Documentos que obrigatoriamente devem integrar o PCMAT:

a) Memorial sobre as condições e meio ambiente de trabalho na obra. Esse memorial deve levar em conta os riscos de acidentes e de doenças do trabalho, de forma clara, e suas respectivas medidas preventivas. Há pleno sentido nessa exigência: afinal, de que vale apontar riscos sem especificar as medidas práticas para preveni-los?

b) projeto de execução das proteções coletivas, tipo guarda-corpos, andaimes etc., de conformidade com o andamento e as etapas de execução da obra;

c) especificação clara e técnica das proteções coletivas ou individuais. Essa especificação deve obedecer ao disposto nas Normas Regulamentadoras aplicáveis a cada caso. Por exemplo: EPI — Equipamentos de Proteção Individual a serem fornecidos devem atender ao disposto na respectiva norma (NR-6);

d) cronograma de implantação das medidas preventivas que tiverem sido definidas e especificadas no PCMAT. Isso é necessário e imperativo, não se justificando atrasos ou demora na aplicação de medidas preventivas;

e) *layout* inicial do canteiro de obras. Nesse instrumento deverão estar previstas e dimensionadas as áreas de vivência e demais áreas de convivência dos trabalhadores;

f) programa educativo e de treinamento, de forma a contemplar todos os aspectos da prevenção, obrigatoriedades e demais itens que possam causar acidentes ou doenças do trabalho, inclusive com sua respectiva carga horária. Essa é uma das mais importantes exigências do PCMAT, pois todos (todos mesmo!) que forem trabalhar em um canteiro de obras devem conhecer os riscos envolvidos em seu trabalho e a forma correta de evitá-los, no sentido de prevenir acidentes;

g) os canteiros de obras devem dispor de instalações sanitárias adequadas, vestiário, alojamento (quando for o caso), local de refeições, cozinha, lavanderia, área de lazer e ambulatório médico, quando se tratar de frentes de trabalho em que estejam envolvidos 50 ou mais trabalhadores.

Importante notar que o cumprimento do disposto nos itens "c", "f" e "g" acima é obrigatório quando houver trabalhadores alojados. Essas situações geralmente ocorrem quando a obra estiver sendo feita em locais afastados em que não exista a possibilidade de contar com esses recursos. Devo mencionar que em minha vida profissional convivi com uma administradora de obras que gerenciava cerca de 11.000 trabalhadores alojados. Ali havia de tudo: traficantes, malfeitores procurados pela polícia, travestis etc.

Se você trabalha em um canteiro de obras, fique atento para esses detalhes, pois hoje em dia o Ministério do Trabalho e Emprego é implacável quanto a condições sub-humanas de trabalho e não mais se admitem condições de servidão e exploração do trabalho honesto das pessoas.

Especial atenção deve ser destinada ao item "f" acima que, em conjunto com o item 18.18 da NR-18, trata especificamente de TREINAMENTO. Nesse particular é importante notar que a maioria das pessoas trata "acidente" apenas quando alguém se machuca ou vem a falecer em consequência do trabalho.

Essa visão distorcida deve ser exaustivamente combatida e "trabalhada" por meio de treinamento, principalmente junto aos supervisores de 1ª linha ou mestre de obras.

Eles devem encarar até mesmo fatos simples, como um tijolo que cai lá do alto, o qual é um acidente, mesmo que não tenha atingido ninguém ou alguém tenha sido ferido em decorrência desse fato.

Falaremos disso mais adiante, embora já tenhamos abordado superficialmente essa questão no Capítulo X.

CAPÍTULO 8

DEMAIS ITENS OBRIGATÓRIOS

O PCMAT especifica, ainda, certas obrigatoriedades que envolvem, principalmente, o bem-estar dos trabalhadores:

• Áreas de vivência

a) as áreas de vivência devem ser mantidas limpas e higienizadas, ou seja, em perfeito estado de conservação quanto à higiene e limpeza.

Não é aceitável manter essas áreas sem as adequadas condições de higiene e limpeza. Manter um ambiente de trabalho limpo e asseado não só previne acidentes como também é fator importante para o envolvimento dos trabalhadores em um esforço conjunto para conservar limpos e livres de riscos os locais onde trabalham.

b) Se as instalações forem móveis, ou seja, deslocadas de um local para outro, isso deve ser previsto no projeto, de forma a manter as áreas de vivência sempre limpas e organizadas.

• Instalações sanitárias

Entende-se como instalações sanitárias o local ou locais destinados ao asseio corporal e/ou ao atendimento das necessidades fisiológicas de excreção. É absolutamente inaceitável permitir que os trabalhadores satisfaçam essas necessidades "às escondidas", ou seja, em qualquer local do canteiro de obras que não seja o local apropriado e higiênico para isso.

a) é proibida a utilização das instalações sanitárias para qualquer outra finalidade que não esteja prevista neste item.

b) além desses cuidados, a NR-18 exige outros, tais como:

— manter essas instalações em perfeito estado de conservação e higiene;

— ter portas de acesso que impeçam o devassamento, de forma a manter o resguardo conveniente;

— ter paredes de material resistente e lavável, podendo até ser de madeira;

— ter pisos impermeáveis, laváveis e de acabamento antiderrapante;

— não estar diretamente ligadas com os locais destinados às refeições;

— ser independentes, para homens e mulheres, quando for o caso, evitando-se a promiscuidade quanto ao uso dessas instalações;

— ter ventilação e iluminação adequadas;

— ter instalações elétricas adequadamente protegidas;

— ter o pé direito mínimo de 2,50 m, respeitando-se também o que determina o Código de Obras do município onde a obra é erguida;

— estar situadas em locais de acesso fácil e seguro. Isso significa que o deslocamento dos trabalhadores aos gabinetes sanitários, mictórios ou lavatórios não deve ser superior a 150 metros;

c) as instalações sanitárias devem ser constituídas de lavatório, vaso sanitário e mictório, na proporção de um conjunto para cada 20 trabalhadores, mantendo-se um chuveiro para cada 10 trabalhadores.

• Lavatórios

a) podem ser individuais ou coletivos, tipo calha; seu objetivo é permitir aos trabalhadores lavar as mãos e fazer um asseio rápido;

b) devem possuir torneiras adequadas, de metal ou plástico;

c) devem ficar a uma altura de 0,90 m (noventa centímetros);

d) devem ser ligados diretamente à rede de esgoto, quando houver;

e) devem ter fácil acesso e revestimento interno de material liso, impermeável e lavável;

f) devem ter espaçamento entre as torneiras, em lavatórios coletivos, de 0,60m no mínimo;

g) devem dispor de recipientes para coleta de papéis usados.

Até esse momento você teve uma noção clara dos objetivos da NR-18, ou seja, proporcionar bem-estar e conforto minimamente adequado aos trabalhadores de canteiros de obras, geralmente empregados em estradas que rasgam regiões inóspitas, pontes em locais precários de difícil acesso ou de condições afastadas de qualquer convívio social, hidrelétricas de grandíssimo porte em que os trabalhadores permanecem alojados e ali recebem suas refeições e fazem sua higiene pessoal.

A NR-18 é rígida e abrangente. Se você trabalha em um canteiro de obras, longe de tudo e de todos, previna-se: A NR-18 EXIGIRÁ DE VOCÊ CUIDADOS

ESPECIAIS AO TRATAR DOS EMPREGADOS DA OBRA! Lamento dizer, mas você não poderá eximir-se das responsabilidades que a NR coloca sobre seus ombros, muito menos sobre os responsáveis pela obra, seus engenheiros e seus diretores.

Imagine quais seriam as restrições ambientais e de vivência humana em obras gigantescas como Itaipu e Ponte Rio-Niterói. Seria inimaginável, nos dias de hoje, em face da legislação vigente, realizar tais obras sem o respectivo PCMAT e todas as demais exigências da Lei.

Se você é um engenheiro de Segurança ou um técnico de Segurança do Trabalho, **VOCÊ TAMBÉM É CORRESPONSÁVEL POR TODOS OS INFORTÚNIOS QUE POSSAM OCORRER EM SUA OBRA**, sem tirar a responsabilidade principal e direta dos diretores e incorporadores da obra.

Permitam-me citar um caso concreto ocorrido perante a Justiça do Trabalho de São Paulo, cujo histórico é o seguinte:

1. O ACIDENTE

Um operário (ajudante geral) de grande indústria da Construção Civil foi afastar um inseto de uma serra circular onde trabalhava por determinação do mestre de obras e teve sua mão dilacerada pela serra em movimento.

2. AÇÃO DE INDENIZAÇÃO

O operário pleiteou na Justiça indenização civil pelo acidente, alegando que fora designado para trabalhar em máquina deficiente, sem lhe ofertarem qualquer tipo de treinamento e medidas de segurança diante de máquina tão perigosa.

3. A DEFESA DA EMPRESA

Alegou a empresa que o operário fora admitido como ajudante geral e não como operador de serra, para o que não havia recebido instrução. Alega a empresa que o operário foi o culpado, pois deveria desligar a máquina antes de qualquer outra ação. Alega ainda a empresa que o operário já havia adquirido a indenização previdenciária, não lhe cabendo mais nada a receber.

4. O JULGAMENTO

O caso foi julgado pelo Tribunal de Justiça Cível do Estado de São Paulo (Apelação n. 656706-04), cuja síntese é a seguinte:

a) É preciso demonstrar culpa, ainda que levíssima, para que haja indenização civil. No caso parece haver culpa, e não atitude dolosa, embora o empregado, sendo ajudante geral, tivesse sido designado para executar tarefa especializada de operador de serra.

b) Somente o dolo, que precisa ser provado pelo INSS, exclui a reparação pelo acidente, cabendo essa indenização ao empregador doloso.

c) No caso presente o alegado desvio de função não exime a responsabilidade do empregador que, ao estabelecer o vínculo empregatício, assumiu o risco de que o empregado viesse a se acidentar. O risco de acidente do trabalho é inerente ao exercício do trabalho, cabendo ao empregador minimizar esse risco por meio de medidas preventivas.

d) Finalmente, embora o empregado tivesse praticado ato inseguro, não ficou provado que o encarregado o orientara devidamente quanto à segurança de operar uma serra circular, mesmo em se considerando que ele tentou afastar um inseto com a máquina em movimento quando deveria desligá-la.

e) A empresa foi condenada a indenizar o operário lesionado, já que este não havia recebido de seu encarregado as devidas instruções de segurança.

Este caso demonstra de forma cabal a responsabilidade da empresa, por intermédio de seus técnicos ou engenheiros de Segurança e, **principalmente**, dos encarregados ou supervisores, geralmente conhecidos como "mestres de Obras", no treinamento adequado dos trabalhadores nas tarefas que lhes incumbe executar.

O PCMAT, como será visto adiante, é um programa destinado a prevenir acidentes e doenças ocupacionais nas atividades de construção, sendo obrigatoriamente elaborado pelas empresas.

Como já dissemos anteriormente, um dos aspectos importantes do PCMAT é o treinamento dos trabalhadores que necessariamente devem ter conhecimento dos riscos que seu trabalho envolve, além de dispositivos obrigatórios ou complementares de segurança.

A elaboração e o cumprimento do PCMAT são obrigatórios em todo estabelecimento voltado à Construção Civil, desde que haja pelo menos 20 empregados ou mais envolvidos no trabalho. Além disso o PCMAT também faz um "link" com disposições da NR-9, que trata do PPRA — Programa de Prevenção de Riscos Ambientais.

Há, porém, itens importantes que constam do PCMAT, e são relativos às questões ligadas ao meio ambiente, pois geralmente obras civis, principalmente de grande porte, como pontes, viadutos, estradas e até mesmo grandes hidroelétricas, muitas vezes não atinam para consequências sobre o meio ambiente em decorrência de suas atividades. Esse item também será abordado mais adiante.

Ainda sobre o PCMAT cabem certas dúvidas:

1. Quem é responsável por sua elaboração?

A elaboração do PCMAT é de responsabilidade do profissional do SESMT devidamente habilitado na área de Segurança, ou seja, engenheiro de Segurança do Trabalho ou técnico de Segurança do Trabalho.

2. O PCMAT deve ficar exposto em algum lugar ou meramente nos escritórios da empresa construtora?

Não há necessidade de expô-lo em algum lugar, mas o PCMAT deve ser mantido no estabelecimento à disposição dos órgãos fiscalizadores do MTE.

3. Qual ou quais as responsabilidades do empregador quanto ao cumprimento do disposto no PCMAT?

É de responsabilidade intransferível o cumprimento e a implementação do PCMAT pelo empregador ou, se for o caso, pelo condomínio.

4. O PCMAT menciona áreas de vivência. O que se entende por isso?

Áreas de vivência, de modo geral, são espaços destinados à alimentação, higiene pessoal, descanso, lazer e até mesmo ambulatório médico, quando for o caso. As áreas de vivência devem localizar-se separadamente das áreas de trabalho e constituem-se em importante item para aproximar os empregados e, principalmente, orientá-los e treiná-los quanto à sua segurança, sem que isso seja obrigatório. Vestiários, banheiros, alojamento (quando for o caso), refeitório, lavanderia, cozinha (quando houver o preparo de refeições), áreas de lazer e até mesmo ambulatório são itens que compõem as assim chamadas "áreas de vivência".

5. Há alguma proporcionalidade entre o número de instalações sanitárias *versus* o número de trabalhadores?

Sim. A proporção é de um conjunto sanitário para cada 20 trabalhadores, como também de um chuveiro para cada 10 trabalhadores.

6. Chuveiros? Lavatórios? De que se compõe uma instalação sanitária?

Nos canteiros de obras, principalmente grandes obras onde o número de trabalhadores é elevado, cada módulo sanitário deve conter: lavatórios individuais (se coletivos, devem ser do tipo calha para escorrer a água); torneiras (podem ser de plástico); manter os lavatórios a uma altura de 90 centímetros; ter conexão com a rede de esgotos; o revestimento deve ser impermeável e lavável; se houver mais de uma torneira, o espaçamento entre elas deve ser de 60 centímetros; finalmente, a instalação sanitária deve dispor de recipiente para coleta de papéis usados.

7. Sobre vasos sanitários, o que dispõe o PCMAT?

Devem possuir área mínima de 1 metro quadrado; devem possuir portas com trinco interno; a borda inferior deve ter no máximo 15 centímetros; as divisórias não poderão ter altura inferior a 1,80 m; por fim, devem estar providos de recipientes com tampa para disposição de papéis usados. O papel higiênico deve ser fornecido pela empresa.

Poderão ser individuais ou coletivos. Se individuais, deverão ser do tipo cuba; se coletivos, do tipo calha. Em ambos os casos, o PCMAT exige o uso de revestimento interno liso, impermeável e lavável. Como nos itens anteriores, devem estar conectados à rede de esgoto ou fossa séptica. Importante: devem ser separados por sexo (masculino ou feminino).

8. Em grandes obras, geralmente longe dos ambientes urbanos, há necessidade de manter alojamentos para grande número de trabalhadores. O que o PCMAT exige quanto a esses alojamentos?

Esse é um assunto delicado, principalmente porque os alojamentos comportam profissionais de várias especialidades, opiniões, crenças, torcidas de futebol etc. Quanto às instalações, nos canteiros de obras, a NR-18 determina:

A) Os alojamentos devem possuir paredes de alvenaria ou material equivalente, desde que laváveis e higienizáveis; o piso deve ser de concreto, cimentado, madeira ou material equivalente; apresentar cobertura adequada quanto a intempéries; possuir ventilação adequada (pelo menos 1/10 da área do piso); ser dotado de iluminação adequada, natural ou artificial; possuir área mínima de três metros quadrados para comportar móveis, camas e armários.

B) O pé direito deve ser de 2,5 m para cama simples ou 3 m para cama dupla (beliche). Os alojamentos não podem se localizar em porões ou subsolos e devem também possuir instalações elétricas adequadas, sem fios descobertos ou improvisações que possam causar choques elétricos ou outros tipos de acidentes envolvendo eletricidade.

Cabe acrescentar que muitas espécies de protestos (alguns até violentos) têm ocorrido em canteiros de obras por causa de alojamentos precários e em más condições de habitabilidade. Afinal, depois de uma jornada de trabalho cansativa, o trabalhador espera encontrar sanitários, chuveiros e alojamentos limpos, bem organizados e razoavelmente confortáveis, pois é ali onde ele vai descansar e passar a noite.

CAPÍTULO 9

COMO ELABORAR UM PCMAT

Como dissemos anteriormente, a elaboração do Programa de Condições e Meio Ambiente de Trabalho (PCMAT) na Indústria da Construção é obrigatória sempre que a obra civil contar com 20 ou mais empregados.

O PCMAT deve ser elaborado por engenheiro de Segurança ou técnico de Segurança do Trabalho cujas atividades estejam enquadradas no disposto na NR-4, a qual trata da composição dos SESMTs e seus anexos, principalmente o Quadro I — Código de Atividades 45 — Construção.

A seguir comentaremos algumas exigências quanto à elaboração do PCMAT:

- **Responsabilidade**

A responsabilidade pela elaboração do PCMAT é do próprio empregador, o qual, uma vez elaborado esse instrumento, deve mantê-lo à disposição das autoridades fiscalizadoras do MTE.

- **Elaboração e Execução**

Somente profissionais habilitados e com a credencial fornecida pelo MTE podem elaborar o PCMAT. A emissão dessa credencial exige capacitação, mediante curso específico do sistema oficial de ensino (no caso de engenheiros de Segurança, é necessário curso de pós-graduação específico em Segurança e Saúde do Trabalho). Também são aceitos cursos especializados ministrados por centros de treinamento reconhecidos pelo sistema oficial de ensino.

- **Documentos que devem integrar o PCMAT**

É necessário que o PCMAT contenha a seguinte documentação:

1. Memorial descritivo das condições e meio ambiente de trabalho, incluindo dados sobre as operações e riscos de acidentes e de doenças ocupacionais;

2. Descrição das medidas preventivas aplicáveis, para evitar a ocorrência tanto de acidentes como de doenças profissionais;

3. Descrição dos projetos de proteção coletiva, abrangendo cada etapa da obra, bem como cronograma de implantação dessas medidas;

4. Descrição inicial do canteiro de obras, devendo ser incluídas descrições das áreas de vivência;

5. Programas educativos e ações de treinamento prático, visando abordar as questões principais e os fatores causadores de acidentes, em consonância com as exigências contidas na NR-9 — Programa de Prevenção de Riscos Ambientais, à qual o PCMAT está intimamente ligado;

6. Descrição dos riscos em cada fase da execução da obra, por exemplo: fundações, concretagens, armações, eletricidade, acabamento etc. Para cada uma dessas fases, é necessário, além de descrever os riscos, prescrever as medidas de prevenção que serão implantadas;

7. Finalmente, descrever o roteiro e o andamento esperado para a execução da obra.

• **Considerações a serem apresentadas no PCMAT**

a) Sumário, relacionando os tópicos principais do PCMAT;

b) Índice dos tópicos, com a finalidade de facilitar pesquisas;

c) Apresentação, contendo informações sobre os principais tópicos do Programa, de forma a facilitar consultas;

d) Objetivos gerais do Programa e os resultados que se pretende alcançar;

e) Identificação do canteiro de obras (localização, endereço etc.);

f) Identificação da empresa construtora (CPFJ, endereço, licenças etc.);

g) Tipo de obra a executar (residencial, comercial, industrial ou de infraestrutura);

h) Datas previstas para o início e término das obras;

i) Dimensionamento das áreas de vivência (instalações sanitárias, vestiários, local para refeições, alojamentos, cozinha, lavanderia, área de lazer e ambulatório médico). Esse dimensionamento deve conter dados sobre área (em m^2), pé direito, tipo de material a ser utilizado, quantidade de peças e/ou equipamentos que comporão as áreas de vivência, área e tipo de ventilação, quantidade de bebedouros e sua localização, expansão ou transferência das instalações, se for o caso e, finalmente, *layout* geral das áreas de vivência;

j) Memorial descritivo das condições de trabalho e meio ambiente;

k) Identificação de todas as etapas da obra;

l) Meios de consulta aos projetos, cronogramas, memorial etc., de forma a facilitar eventual fiscalização por parte do MTE;

m) Manutenção de projetistas e/ou engenheiros que possam prestar esclarecimentos sobre a execução da obra, em consonância com o PCMAT.

• Outras informações que o PCMAT deve conter

a) Fechamento do canteiro de obras para evitar a entrada de estranhos, bem como evitar que materiais provenientes da obra possam atingir pessoas nas proximidades;

b) Informações gerais sobre demolições, movimentação de terra, fundações, escavação, desmonte de rocha (se forem utilizados explosivos, deve ser seguido o que a NR-19 determina), carpintaria, armações de aço, concretagem, instalações elétricas e hidráulicas, instalações telefônicas ou outros meios de comunicação entre o canteiro de obras e os escritórios da construtora, acabamento da obra (revestimento, esquadrias, pintura etc.), escadas, rampas e passarelas, andaimes, equipamentos de proteção e combate a incêndios, máquinas e ferramentas diversas, movimentação e transporte de materiais e pessoas e, finalmente, descrição do planejamento de ordem e limpeza do local da obra.

Como se observa, a elaboração do PCMAT requer a apresentação de inúmeros dados e referências. Na realidade, não há uma fórmula predefinida para a elaboração desse documento, pois isso depende da complexidade e da dimensão da obra, bem como dos riscos presentes em cada uma de suas fases.

A finalidade precípua do PCMAT é prever os riscos existentes e sua prevenção.

Dissemos anteriormente que o avanço tecnológico de máquinas e equipamentos utilizados requer operadores muito bem treinados, tanto no aspecto técnico como também na prevenção de acidentes decorrentes do mau uso dessas máquinas e equipamentos. Vejam o seguinte exemplo:

Esta máquina é uma combinação de pá carregadeira, patrol, e retro-escavadeira. Serve para movimentar e escavar terrenos, podendo erguer e transportar os materiais resultantes de sua operação. O operador, portanto, deve estar muito bem treinado e capacitado para sua operação.

Em casos como esse, o PCMAT deve descrever as máquinas e os métodos de treinamento utilizados. Lembre-se, porém, de que, em muitos casos o operador deve ter credencial que o autoriza a operar a máquina (empilhadeiras, pá carregadeira etc.) e ter concluído curso especializado mantido por entidade autorizada, especificando carga horária, instrutores, material didático utilizado e demais itens necessários para a execução do curso. Deve também fazer parte do curso a realização de testes práticos executados perante o instrutor e "ao vivo", utilizando a máquina a ser operada.

- **Equipamento de proteção coletiva**

Esses equipamentos devem fazer parte dos projetos da obra. Geralmente constituem-se em ventiladores, exaustores, chuveiros de emergência, lava-olhos, alarmes contra superaquecimento ou vazamentos, hidrantes e/ou equipamentos de proteção e combate ao fogo, coletores de resíduos etc. As proteções coletivas devem ser detalhadas e executadas mediante critérios técnicos adequados, sem o que se corre o risco de serem executadas de forma inadequada, expondo os trabalhadores a riscos indesejados, ao invés de protegê-los contra esses riscos.

O detalhamento das proteções coletivas deve conter dados como dimensionamento, material de sua composição (plástico, aço inoxidável, madeira etc.).

É importante, também, mencionar o número e as funções dos trabalhadores que estarão protegidos, bem como a natureza dos riscos que serão objeto das proteções coletivas. Exemplificando: numa determinada área da obra são produzidos ou manuseados produtos tóxicos (álcalis, ácidos, vapores tóxicos etc.) requerendo a instalação de exaustores, além do uso do equipamento de proteção individual. Esses detalhes devem fazer parte do PCMAT.

CAPÍTULO 10

EQUIPAMENTO DE PROTEÇÃO INDIVIDUAL – CONCEITOS

A conceituação e legislação específica são itens tão importantes que merecem um Capítulo exclusivo.

Antes de analisarmos a aplicação do EPI em cada trabalho ou atividade, é importante levar em consideração que os trabalhadores geralmente não gostam de usar o EPI, preferindo trabalhar "de cara limpa", fato que nos leva a sugerir uma ampla conscientização sobre seu uso correto, obrigatoriedade legal de uso e, principalmente, o tipo de risco a que o empregado estará sujeito se deixar de usá-lo.

IMPORTANTE!

Independentemente do uso do EPI aplicável a cada operação ou função, estabeleça uma regra básica na qual o uso do capacete de segurança seja obrigatório para todos os trabalhadores, em todos os níveis hierárquicos.

Já dissemos que o EPI não evita acidentes, mas protege contra lesões. Isso quer dizer que há muitas situações de trabalho em que está presente certo risco que não pode ser eliminado, nem neutralizado. O que fazer?

Se a Engenharia de Segurança concluiu que não há como eliminar o risco pela substituição de certo produto perigoso ou mesmo por meio de proteção coletiva, tais como exaustores, filtros, adaptações antirruídos, remoção do agente agressivo ou outras medidas de sua neutralização, ou ainda, se você, chegar à conclusão definitiva de que há que se conviver com o risco, pense no EPI como situação alternativa e importante para evitar que aquele determinado risco possa causar lesão ao trabalhador.

Vejamos alguns critérios básicos:

Conceito de EPI

• Equipamento de Proteção Individual é todo dispositivo ou produto, de uso individual, utilizado pelo trabalhador e destinado à proteção de riscos suscetíveis de ameaçar a segurança e a saúde no trabalho.

Obrigações legais

• Lei n. 6.514 de 22.12.77 altera o Capítulo V do Título II da CLT, estabelecendo uma série de disposições quanto à Segurança e Medicina do Trabalho.

• Portaria n. 32/78, aprova as Normas Regulamentadoras (NRs) do mesmo Capítulo, dentre as quais devo destacar a NR-6 — Programa de Prevenção de Riscos Ambientais, especificando no item 6 o uso do Equipamento de Proteção Individual.

• Há 34 normas, dentre as quais a NR-6 — Programa de Prevenção de Riscos Ambientais, em que há referência específica sobre o uso do EPI.

Legislação

• A empresa é obrigada a fornecer aos empregados, de forma gratuita, EPI adequado ao risco, em perfeito estado de conservação e funcionamento, nas seguintes circunstâncias:

a) Sempre que medidas de ordem geral não ofereçam completa proteção contra os riscos de acidentes do trabalho ou de doenças profissionais e do trabalho;

b) Enquanto as medidas de proteção coletiva estiverem sendo implantadas;

c) Para atender a situações de emergência.

EPI — Conceituação legal

• A NR-6, item 6.1, define EPI e especifica outras medidas sobre seu uso contra agentes de riscos físicos, químicos, biológicos e mecânicos, além de outras obrigatoriedades quanto à avaliação e adequação do EPI ao tipo de atividade exercida.

Segundo o item 6.1 da NR-6, a conceituação do EPI é a seguinte:

6.1 — Para os fins de aplicação desta Norma Regulamentadora — considera-se Equipamento de Proteção Individual — EPI o dispositivo de uso individual, de fabricação nacional ou estrangeira, destinado a proteger a saúde e a integridade física do trabalhador.

Observe, portanto, que o EPI não é prescrito como forma de eliminar os riscos, mas proteger o trabalhador contra esses riscos.

Abordaremos em outro Capítulo a questão relativa à eliminação ou neutralização dos riscos de acidentes do trabalho e doenças ocupacionais.

O texto da legislação define também um ponto importantíssimo, que é a obrigatoriedade do fornecimento do EPI sempre que medidas de ordem geral não ofereçam completa proteção contra os riscos de acidentes ou doenças do trabalho. Por si só esse texto é esclarecedor sobre o verdadeiro propósito do fornecimento do EPI: deve ser fornecido quando não há outra solução de completa proteção contra os riscos ou sua eliminação.

Cabe ao empregador:

- adquirir o EPI adequado ao risco da atividade;
- exigir seu uso;
- fornecer somente o EPI aprovado pelo órgão nacional competente;
- orientar e treinar o trabalhador quanto a seu uso, guarda e conservação;
- substituir imediatamente quando extraviado ou danificado;
- responsabilizar-se por sua manutenção e higienização;
- comunicar ao MTE qualquer irregularidade observada;
- efetuar o registro formal da entrega do EPI ao empregado;
- preparar um formulário com no mínimo os seguintes dados:

  Nome do Condomínio (EMPRESA) e endereço;

  Data da entrega do EPI;

  Tipo de EPI e respectivo número do CA;

  Assinatura do empregado.

Cabe ao empregado:

- utilizar o EPI apenas para a finalidade a que se destina;
- responsabilizar-se por sua guarda e conservação;
- comunicar qualquer alteração que o torne impróprio para uso;
- cumprir as determinações do empregador sobre seu uso adequado.

Ao organizar um programa de treinamento versando sobre o uso do EPI, você pode utilizar-se de um argumento infalível: basta perguntar a cada um dos participantes se eles usam algum tipo de EPI. Certamente a resposta será positiva: alguns usam óculos, outros luvas, outros capacetes, outros máscaras de solda e assim por diante.

Faça um teste de reconhecimento entre o EPI e a operação a que ele se destina, como elemento protetor. É simples: por que você usa óculos de segurança no seu trabalho? A resposta certa será porque lá, naquele trabalho, há grande exposição a cavacos metálicos, fagulhas e outros agentes agressivos aos olhos. A seguir, faça um teste de conhecimento, exibindo imagens de EPIs e inquirindo sobre suas propriedades, finalidades e uso.

É fácil e proporciona aos participantes uma inesquecível "aula" sobre EPIs e suas propriedades de evitar lesões.

Basta perguntar sequencialmente aos participantes qual o tipo de EPI mostrado e qual a sua finalidade precípua. Isso lhes dará uma noção exata da aplicabilidade do EPI. Insista, todavia, no conceito de que o EPI não elimina o risco, mas pode neutralizá-lo e/ou proteger o trabalhador contra lesões advindas do risco.

Os principais tipos de risco de acidentes do trabalho ou doenças ocupacionais, em conformidade com o item 9.5.1 da NR-9, são:

- Riscos físicos: são definidos como as diversas formas de energia a que possam estar expostos os trabalhadores, tais como ruído, vibrações, temperaturas extremas, radiações ionizantes, radiações não ionizantes, bem como o infrassom e o ultrassom.

- Riscos químicos: são considerados como as substâncias, compostos ou produtos que possam penetrar no organismo pela via respiratória, nas formas de poeiras, fumos, névoas, neblinas, gases ou vapores, ou que, pela natureza da atividade, possam ter contato ou serem absorvidos através da pele ou por ingestão.

Consideram-se agentes biológicos as bactérias, fungos, bacilos, parasitas, protozoários, vírus, entre outros.

Como se observa, a norma não define riscos mecânicos nem riscos de natureza ergonômica. A seguir acrescentaremos definições sobre esses tipos de risco:

- Riscos mecânicos: ocorrem quando existe a possibilidade de haver choques contra objetos, abrasões, cortes, perfurações, pensamento, quedas (de pessoas ou objetos), partículas expelidas por operação em máquinas ou manuseio de ferramentas e outros tipos de impacto.

- Riscos de natureza ergonômica: posições de trabalho, movimentos repetitivos, esforços desproporcionais durante trabalhos que requeiram movimentação, arrumação ou levantamento de material, ritmo, sistema, jornadas excessivas de trabalho, turnos ou frequência de trabalho, mimetismos etc.

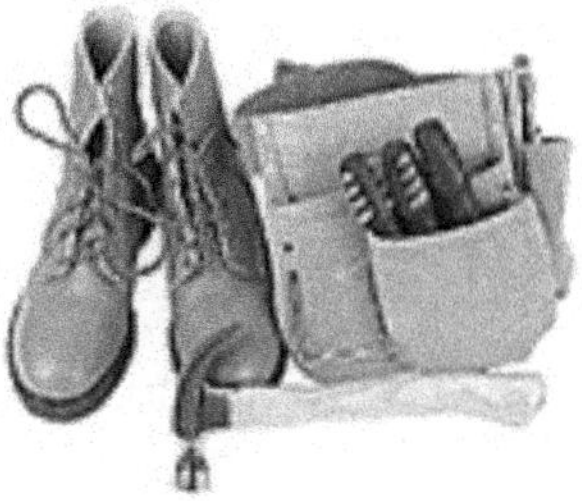

Veremos no Capítulo seguinte os principais tipos de EPIs utilizados na indústria da Construção Civil e suas aplicabilidades.

CAPÍTULO 11

EPI E SUAS APLICAÇÕES

Os Equipamentos de Proteção Individual são destinados a proteger o trabalhador nas seguintes circunstâncias:

- Proteção do crânio e face;
- Proteção dos olhos;
- Proteção dos membros superiores (braços, antebraços, mãos e dedos);
- Proteção do tronco (tórax e abdome);
- Proteção do aparelho respiratório (pulmão e órgãos adjacentes);
- Proteção dos membros inferiores (pernas, pés e artelhos);
- Proteção contra radiações ionizantes e não ionizantes;
- Proteção contra riscos biológicos;
- Proteção geral do corpo (trabalhos a céu aberto ou em alturas acima de dois metros);
- Proteção contra situações envolvendo ergonomia;
- Proteção para trabalhos em espaços confinados;

A seguir mostraremos alguns dos principais equipamentos protetores contra os principais riscos encontrados na Construção Civil.

PROTEÇÃO DO CRÂNIO E FACE

CAPACETE DE SEGURANÇA

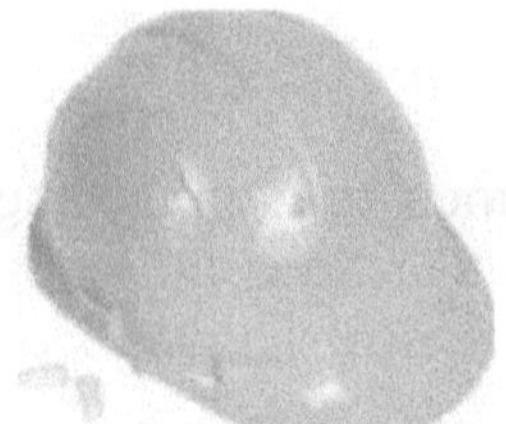

É EPI destinado a proteger o topo do crânio. Feito de plástico duro especial, geralmente é forrado para maior conforto. Resiste a impactos, principalmente queda de materiais e também protege a cabeça do operador contra batidas em objetos normalmente existentes no local de trabalho. Em Construção Civil, como dissemos anteriormente, seu uso deve ser obrigatório para todos (todos mesmo!) que trabalham na obra.

ELMO PARA PROTEÇÃO FACIAL

Feitos de material transparente, permitem ao trabalhador visualizar a atividade que esteja desenvolvendo. Protegem contra respingos de matérias, cavacos, estilhaços resultantes de operações a frio. Não devem ser usados em operações de solda a quente, que requerem outro tipo de proteção.

CAPACETE E ÓCULOS DE SEGURANÇA

A combinação desses dois equipamentos muitas vezes é necessária para proteger ao mesmo tempo a cabeça e os olhos contra impactos resultantes de operações em que haja a possiblidade de respingos ou impactos contra a cabeça e os olhos.

MÁSCARA DE SOLDADOR

É equipamento indispensável para trabalhos de soldagem, tanto solda elétrica como oxiacetilênica, que são as mais comuns. Protege o operador contra fagulhas e os olhos contra radiações ultravioleta. Na Construção Civil são muito frequentes os trabalhos de soldagem, requerendo total proteção do soldador. Repare que o operador está bem protegido, usando luvas e roupas especiais para esse tipo de trabalho. Quanto ao visor da máscara, sua coloração pode variar desde mais clara para mais escura, dependendo da intensidade do trabalho. O material que compõe o elmo facial deve ser resistente a fagulhas originadas do próprio processo de soldagem. Há também máscaras similares removíveis, permitindo ao operador usar o equipamento de solda com uma das mãos e retirar o EPI momentaneamente para verificar a qualidade do trabalho, usando-o novamente quando reiniciar o trabalho de soldagem.

CAPACETE COM PROTETOR AURICULAR

Este EPI é indicado para trabalhos onde haja risco para a cabeça (queda de material, batidas ou choques da cabeça contra objetos) em ambiente ruidoso, protegendo, assim, tanto o crânio como o aparelho de audição.

PROTEÇÃO DOS OLHOS

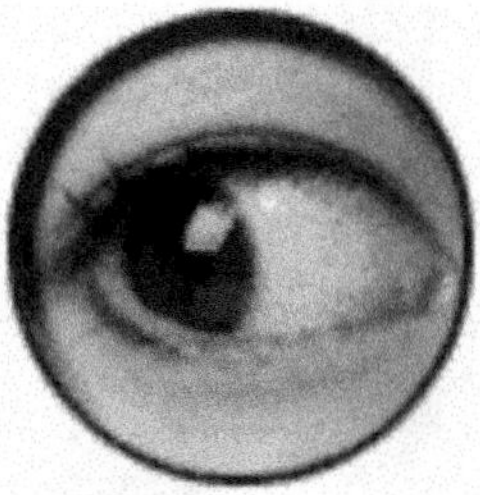

Olhos são os órgãos do corpo humano essenciais para a execução de um trabalho normal. Há, entretanto, inúmeros casos de trabalhadores cegos que exercem plenamente suas funções. A Ford menciona um caso ocorrido há anos em sua área de tapeçaria, em que havia seis trabalhadores cegos, cuja produtividade era de 110%. Na Construção Civil, entretanto, não consigo "visualizar" quais tipos de trabalho poderia executar um trabalhador desprovido de visão.

ÓCULOS DE SEGURANÇA

Este, provavelmente, é o EPI mais frequentemente usado em todos os tipos de atividades industriais. Oferece proteção dos olhos contra partículas diversas, tais como cavacos, lascas de madeira etc. Para outros tipos de trabalho há também outros tipos de óculos.

ÓCULOS DE SEGURANÇA TIPO GOGLE

Este é mais um dos tipos de óculos existentes, para vários tipos de risco. Os óculos tipo gogle (pronuncia-se gógol) são vedados e protegem contra riscos químicos (respingos, vapores, ácidos etc.).

COMENTÁRIO:

Quanto à proteção dos olhos, convém ressaltar que todo técnico de Segurança do Trabalho deve inspecionar as áreas de trabalho e identificar todo tipo de agente agressivo aos olhos, desde cavacos, respingos de material e, principalmente, fagulhas. É muito comum constatar que operadores trabalham junto a esmeris sem fazer uso de qualquer tipo de proteção ocular contra fagulhas e cavacos.

PROTEÇÃO DAS MÃOS

As mãos são, talvez, a principal "ferramenta" de trabalho de qualquer tipo de atividade na Construção Civil.

Em geral, não apenas as mãos devem ser protegidas, mas também as partes do corpo que as envolvem. Assim, usa-se protetores do tipo:

- Luvas (proteção de mãos e dedos)
- Mangotes (protegem também os antebraços)

- Dedeiras
- Mangas
- Proteções combinadas para proteger cada um ou todos esses membros

Na Construção Civil os mais comuns são:

LUVAS DE RASPA OU VAQUETA

Talvez seja o tipo de luvas mais comumente usado em operações industriais que requeiram manuseio de material. São feitas de couro grosso e resistente, de forma a proteger as mãos e artelhos do trabalhador contra abrasões, cortes, impactos etc. As mais indicadas são as que possuem "polegar invertido", permitindo utilizar as luvas em qualquer das mãos. Devem apresentar boa maleabilidade, de forma a facilitar o trabalho e permitir maior conforto ao operador.

LUVAS IMPERMEÁVEIS

São luvas feitas de material impermeável, geralmente PVC, borracha ou outro material que proteja tanto as mãos e artelhos, como também os antebraços, contra agentes químicos tais como ácidos ou outros líquidos agressivos. Verifique se essas luvas estão íntegras, sem furos, rasgos ou outras imperfeições que permitam o contato com o agente agressivo. Se isso ocorrer, descarte-as e inutilize-as de forma que ninguém possa fazer uso delas.

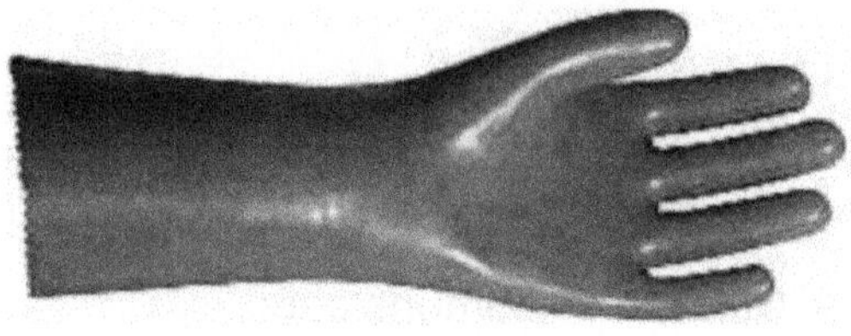

COMENTÁRIO:

Há diversos tipos de luvas, para os mais diversos tipos de atividades. Na Construção Civil, entretanto, os mais frequentemente usados são os dois tipos acima. Alguns trabalhos especializados, entretanto, requerem luvas especiais, como, por exemplo, o trabalho de eletricistas (NR-10), que requer, inclusive, a sobreposição de luvas: uma isolante de corrente elétrica e outra contra furos, cortes e abrasões.

LUVAS DE LÁTEX

Um grande número de infecções hospitalares (tanto nos pacientes como nos médicos atendentes) decorre do não uso de luvas de látex hospitalares, que têm a propriedade de proteger as mãos contra agentes nocivos (ferimentos, sangue ou outras moléstias). Luvas de látex, embora não protejam contra picadas de agulhas, são o tipo mais indicado para esses casos. Também são as luvas mais indicadas para contato com qualquer tipo de secreção humana. Por essa razão, não toque em nenhum ferimento de qualquer empregado que tenha se acidentado ou que esteja sangrando. Treine seu pessoal quanto a essa precaução.

LUVAS DE NEOPRENE CANO CURTO

Neoprene é um material altamente impermeável e indicado para o manuseio de peças pequenas encharcadas de óleo ou outro material agressivo. Por serem de cano curto, com abas largas, deve-se, entretanto, tomar o cuidado de evitar que esses materiais respinguem para dentro da luva, causando ferimentos no operador.

LUVAS DE LÁTEX PARA TRABALHOS EM LABORATÓRIOS

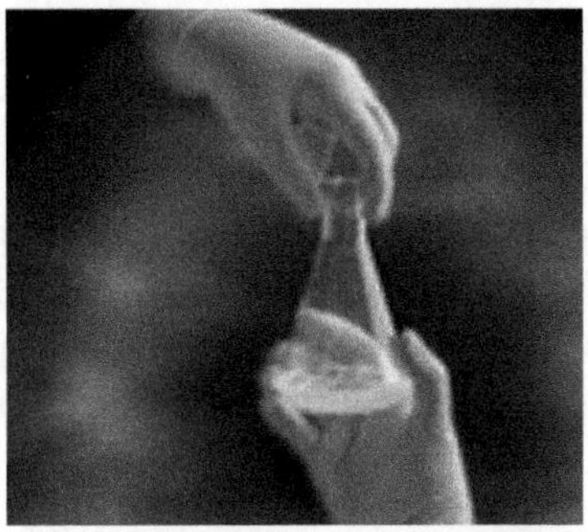

Este tipo de luvas deve possuir maior resistência que as utilizadas em clínicas e hospitais. São pouco usadas na Construção Civil, exceto quando se precisa medir acidez ou alcalinidade de algum material ou até mesmo no manuseio do cimento para testes de resistência.

LUVAS DE ALGODÃO REVESTIDAS NA PALMA COM NEOPRENE

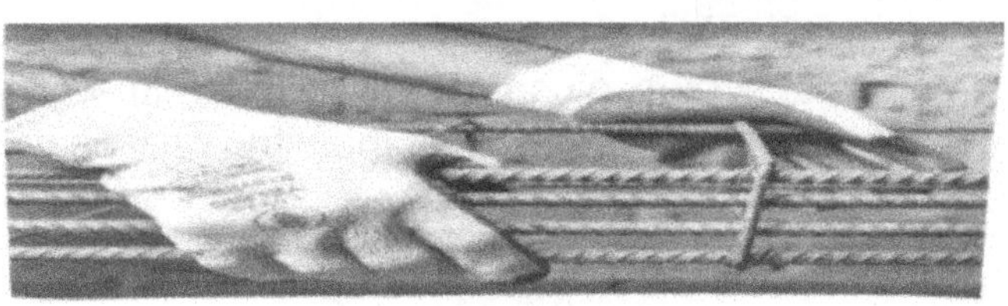

Estas luvas também são muito usadas na Construção Civil. São elaboradas em fibras de algodão trançado (para permitir boa mobilidade) e também são dotadas de protetor de neoprene resistente na palma da mão para evitar lesões em razão do manuseio de materiais, como mostrado nesse exemplo, em que um operário manipula armações de ferro sem expor suas mãos ao risco.

LUVAS DE PELICA

São luvas para trabalhos mais delicados, mas muitas vezes existentes na Construção Civil, onde se requer proteção (não tão resistente quanto as luvas de raspa), mas um certo grau de sensibilidade ao tato e também uma boa resistência a abrasões, cortes leves e outros tipos de ferimento.

Além desses, depois das luvas, não podemos esquecer dos mangotes, luvas de cano longo e dedeiras, para trabalhos pouco comuns na Construção Civil, exceto os mangotes, necessários para operações de soldagem e as luvas de cano longo, quando se torna preciso alcançar ou depositar peças em tanques ou reservatórios que requerem também a proteção das mãos e dos antebraços.

PROTEÇÃO DOS MEMBROS INFERIORES

Pernas, pés e artelhos são as partes que compõem os membros inferiores e são objeto de inúmeros tipos de lesão em trabalhos na Construção Civil. Além dos riscos costumeiros de natureza mecânica, como quedas de objetos, a própria queda do trabalhador, topadas etc., somam-se ainda os riscos biológicos presentes em locais onde deve haver desbravamentos para a construção pesada, tais como abertura de estradas, construção de pontes, de viadutos e de hidrelétricas.

Assim como os capacetes, o uso das botas de segurança deve ser item obrigatório em todo e qualquer trabalho na indústria da Construção Civil.

O tipo de botas ao lado é comumente utilizado na Construção Civil. Elaboradas em couro resistente, porém maleável, são botas para o uso diário em operações comuns na indústria da Construção Civil. Há no país inúmeros fabricantes de boa reputação e alta qualidade dos produtos. Procure aqueles que atendam às exigências legais e ofereçam produtos de boa maleabilidade e boa agilidade aos trabalhadores.

BOTAS DE BORRACHA

Botas de borracha de cano longo vão até a altura dos joelhos ou pouco abaixo. Por serem impermeáveis, permitem trabalhar em áreas alagadiças, sem riscos para os membros inferiores, exceto choque contra objetos cortantes ou fortes topadas contra algum material submerso. Devem ser forradas, para maior comodidade do operador. Um dos cuidados básicos a tomar é higienizar e secar as botas antes de usá-las novamente.

São também botas para trabalhos gerais onde haja umidade. São também usadas na Construção Civil, em certos tipos de trabalho que requerem esse tipo de bota, onde se necesita de maior resistência, que a simples bota de borracha não pode oferecer. Em geral, são botas indicadas para trabalhos superpesados, tais como concretagens.

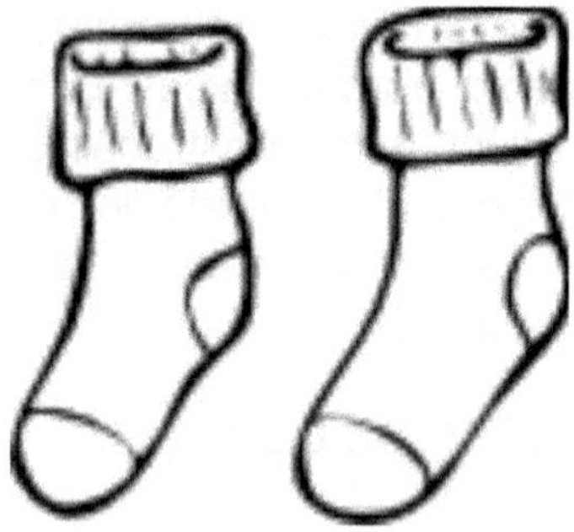

Em geral, o uso de botas ou de sapatos no trabalho requer também o uso de meias fortes, de preferência de algodão, para manter o conforto e a higiene dos pés. O algodão é um produto absorvente do suor dos pés, como também é fácil de lavar e higienizar.

BOTAS ANTIDERRAPANTES

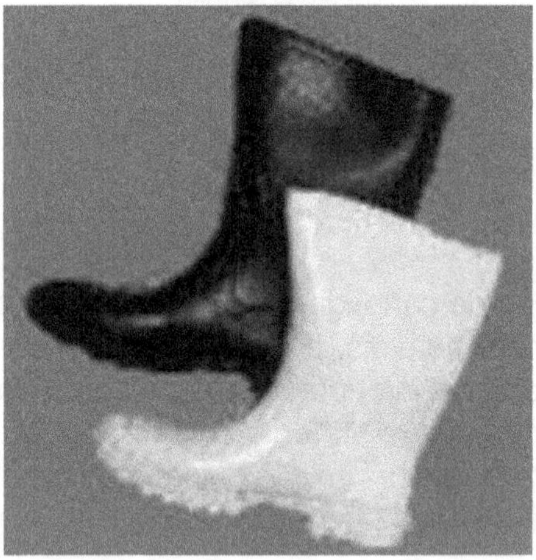

Para reparos em áreas úmidas, recomenda-se o uso de botas de borracha "meia cana", que são eficazes para trabalhos leves.

Para trabalhos de limpeza, principalmente em refeitórios, cozinhas etc., recomenda-se as botas que nesta ilustração aparecem brancas.

Ambos os modelos devem ser antiderrapantes.

Este é um modelo de sapato de segurança muito usado em trabalhos da Construção Civil. É elaborado em couro trabalhado e vem dotado de faixas laterais de elástico, para melhor adaptação dos pés do operário. Por ser um calçado de preço acessível, seu uso é muito frequente e deve fazer parte do uniforme de trabalho dos operários, assim como o uso de capacete. Deve ser mandatório o seu uso. Repare que o sapato é antiderrapante e, em alguns casos, são usadas biqueiras de aço.

Há no mercado inúmeros tipos de solado antiderrapante, utilizado tanto em botas como em sapatos de segurança.

Antes de utilizar botas ou calçados desse tipo, verifique sua procedência e a qualidade do produto, pois tem sido reportado, principalmente pela revista PROTEÇÃO, casos de empresas que adquiriram calçados ou botas tidos como antiderrapantes e, mais que isso, protetores contra topadas, quedas de material ou até mesmo falta de resistência a choques, furos ou rasgos diante de pregos ou outros materiais cortantes.

ATENÇÃO!

Muitos trabalhadores menosprezam o uso de calçado ou bota, preferindo trabalhar com simples chinelas do tipo "havaianas". Nada contra as havaianas, mas elas não são calçados seguros para trabalhos em Construção Civil.

Se você, técnico de Segurança ou até mesmo um "cipeiro", observar alguém utilizando calçado inapropriado, faça-o trocá-lo imediatamente por um calçado adequado e seguro.

CALÇADOS EM MAU ESTADO

Se você fizer uma inspeção rígida quanto ao tipo de calçado que o operário está utilizando, observe se o EPI está em perfeito estado de uso e conservação.

Isso está na Lei. Assim como o empregador é obrigado a fornecer o calçado adequado, o trabalhador deve conservá-lo sempre em bom estado. Se o uso contínuo do calçado fizer com que ele se deteriore, substitua-o (o calçado) por um novo, em bom estado.

Lembre-se: o EPI não elimina o risco, mas apenas protege o trabalhador contra esse tipo de risco. Faça com que todos entendam isso.

PROTEÇÃO DAS VIAS RESPIRATÓRIAS

Em muitos tipos de trabalho na Construção Civil, há a emanação de poeiras, fumos ou outros aerodispersoides.

As partículas ofensivas ao aparelho respiratório do trabalhador (às vezes pode ocorrer a presença de riscos conjugados) geralmente são classificadas em:

- Aerodispersoides: são partículas que se encontram dispersas no ar. Esse tipo de agente tem a característica de misturar-se ao ar que respiramos. Se um agente desse tipo, ou seja, está disperso no ar, esse agente apresenta a singularidade de, assim como respiramos o ar, ele vir junto com o ar, adentrando nosso organismo pelas vias respiratórias. Nesses casos, o ideal é projetar e instalar equipamento de proteção coletiva, usando-se o EPI apenas onde não for possível evitar o agente por meio de proteção coletiva, tipo exaustores combinados com neutralizadores, por exemplo.

  Verbi gratia falemos de um local onde haja emanação de ácidos ou vapores tóxicos. O que fazer?

  Em primeiro lugar, identificar o tipo de vapor ou ácido que possa pôr em risco a saúde ou a integridade física do trabalhador.

  A seguir, verificar com os setores de Engenharia (nesse ponto faz-se necessária a presença do engenheiro de Segurança) a possibilidade de substituir o agente perigoso por outro isento de riscos.

  Estudar detidamente se existe ou não a possibilidade de instalação de algum equipamento de proteção coletiva que neutralize o problema ou elimine-o de vez. Muitas vezes é possível substituir algum produto tóxico por outro que não apresente toxicidade semelhante.

Somente em último caso usar EPI. Suponha:

Aqui está um exemplo de vapores tóxicos emanados pelo aquecimento de algum produto nocivo.

LEMBRE-SE:

VAPORES SÃO GERALMENTE PRODUZIDOS COMO RESULTADO DO AQUECIMENTO DE UM PRODUTO. GASES, AO CONTRÁRIO, SÃO PRODUTOS ENCONTRADOS EM ESTADO GASOSO NA NATUREZA, SEJA NA FORMA COMPRIMIDA OU LIVRE.

É por essa razão que aprendemos desde nossos primeiros anos de escola primária que, na natureza, seus componentes podem apresentar-se em três condições: sólidos, líquidos ou gasosos, pois a proteção respiratória constitui-se em uma barreira para evitar que agentes danosos entrem em nosso organismo.

Assim, é preciso estudar detidamente qual o tipo de EPI a utilizar, conforme o tipo de risco encontrado.

Os mais perigosos são os aerodispersoides, pois se encontram dispersos e "misturados" com o ar. Assim, se o ar passa, o produto que está disperso nele também passará. Muitas vezes, na impossibilidade de neutralizar o produto nocivo, há que se usar máscaras especiais. O exemplo mais comum de aerodispersoides é o cigarro: tal como a fumaça do cigarro penetra em nossos pulmões, com a fumaça, ou dispersas nelas, vão inúmeras outras partículas danosas ao organismo.

Há diversos tipos de EPI que podem ser usados em casos em que não é possível instalar proteção coletiva, mas é necessário proteger o trabalhador.

MÁSCARAS COM FILTRO

Estas máscaras são dotadas de filtro e visor. Protegem não apenas as vias respiratórias, como também o rosto e olhos. São indicadas para entrar em locais insalubres, onde haja presença de gases ou vapores tóxicos agressivos não apenas ao aparelho respiratório; porém, é imprescindível utilizar o filtro apropriado para o tipo de risco existente, como também, e principalmente, verificar se já não está saturado a ponto de não mais neutralizar o agente insalubre.

MÁSCARA COM CANISTREL

Este tipo de máscara, mostrado no exemplo acima, possui um sistema de neutralização de gases tóxicos, desde há muito tempo chamado de “canistrel”. É muito usada para entrar em espaços com grande concentração de produtos tóxicos, principalmente gases, onde a função do canistrel é simplesmente neutralizar o agente nocivo. São máscaras que apresentam algum risco, ou seja, utilizar o filtro errado ou até utilizar filtro para um determinado agente quando pode existir mais de um agente nocivo no local de trabalho. Também protege o rosto e os olhos.

MÁSCARA GUARDA-PÓ

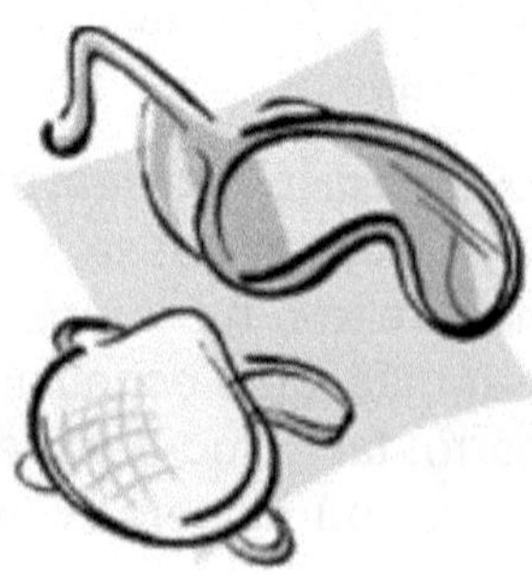

O exemplo mostrado aqui inclui óculos de segurança e máscara simples do tipo guarda-pó, combinados. Esse tipo de EPI combinado é muito comum em serrarias ou carpintarias, onde há grande concentração de partículas sólidas. O guarda-pó é máscara simples, geralmente descartável, e protege contra partículas em suspensão no ar. Não serve para evitar aerodispersoides, embora seja muito utilizado em clínicas e hospitais, geralmente para proteger contra espirros, tosse e outras secreções humanas.

Nos últimos dias, diante da tragédia que se abateu em Fukushima, no Japão, temos observado pessoas usando guarda-pó contra radiações. Isso é inútil pois, como veremos mais tarde, a proteção contra radiações ionizantes requer medidas muito mais sérias apropriadas.

Tanto gases ou vapores apresentam uma concentração mínima admissível para o exercício de um trabalho. Isso está demonstrado no Quadro Resumo da NR-15 — Atividades e Operações Insalubres, onde também constam os adicionais respectivos e percentuais a serem pagos aos que trabalham sob essas condições. Esse Quadro trata também de agentes físicos, tais como pressões hiperbáricas, radiações (ionizantes e não ionizantes), vibração, ruído etc., itens que serão abordados com o devido detalhamento mais adiante.

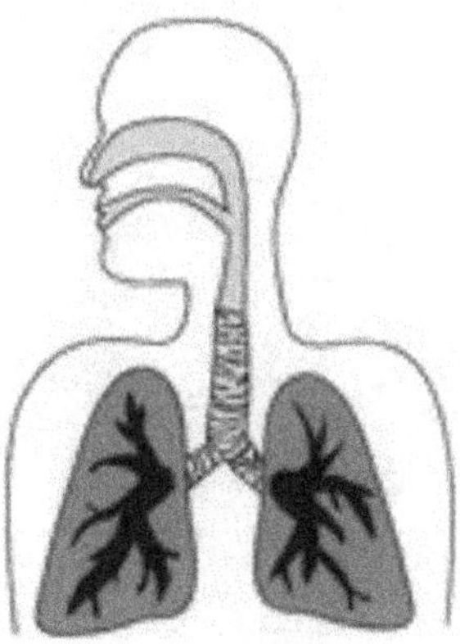

Como disséramos anteriormente, os equipamentos de proteção individual (EPIs), servem como anteparo para que agentes nocivos não atinjam nossas vias respiratórias, que se iniciam pelo nariz ou boca, passem pela traqueia, brônquios, bronquíolos e cheguem até os pulmões, causando danos aos próprios pulmões ou entrando na corrente sanguínea, uma vez que cabe aos pulmões oxigenar o sangue.

Este diagrama demonstra de forma simples nosso aparelho respiratório. Diante disso, compete ao pessoal do SESMT verificar quais as áreas a proteger, geralmente a "porta" de entrada do agente nocivo, por meio do EPI mais apropriado, levando-se, sempre, em consideração a natureza e a composição do agente toxicológico.

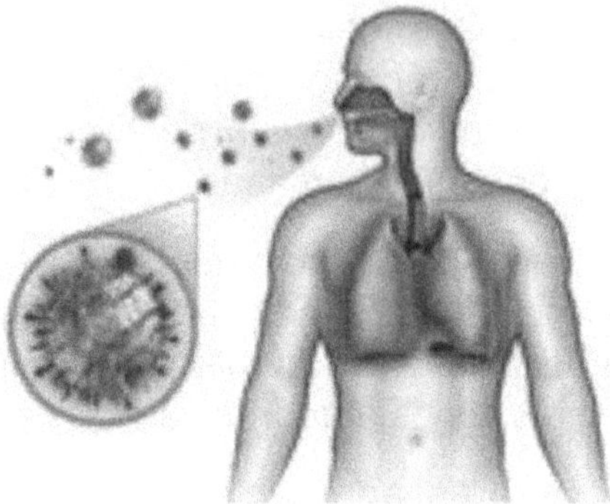

Uma das formas mais comuns de agressão pulmonar é por meio de viroses que respiramos. É preciso tomar cuidado nos alojamentos, principalmente se houver alguém gripado, pois a propagação dos vários tipos de vírus da gripe é rápida. Quando se percebe, a gripe já atacou, causando transtornos por dias de trabalho perdidos e por contaminação de colegas. Nestes casos pode ser usada a máscara contra pó, ou máscara hospitalar, que evita ou limita a transmissão por contato próximo entre a pessoa gripada e os demais colegas saudáveis.

Este é um exemplo de máscara com provisão externa de ar. É indicada para trabalhos muito especiais, que necessitam de ar puro bombeado de fonte externa. Assim como as máscaras de escafandristas, este tipo de máscara requer fonte bombeadora, em que pode haver risco de rompimento ou outro dano qualquer que impeça o ar de chegar até o trabalhador.

Este é um tipo de máscara totalmente vedado e dotado de filtro especial. Tome muito cuidado na escolha do filtro.

Leve em consideração o agente agressivo e adquira o tipo adequado de filtro.

Uma das caraterísticas desta máscara é a possibilidade de instalar dois tipos de filtro, que podem ter a mesma composição (para exposição prolongada), ou tipos diferentes, quando há mais de um agente disperso no ar.

Tome por exemplo o benzeno. Geralmente nos locais impregnados de benzeno há também a presença de xileno ou até mesmo de monóxido de carbono, se houver combustão no local. Portanto, é preciso, avaliar adequadamente o tipo de risco a que o trabalhador estará exposto; caso contrário, não haverá proteção eficiente ao operário.

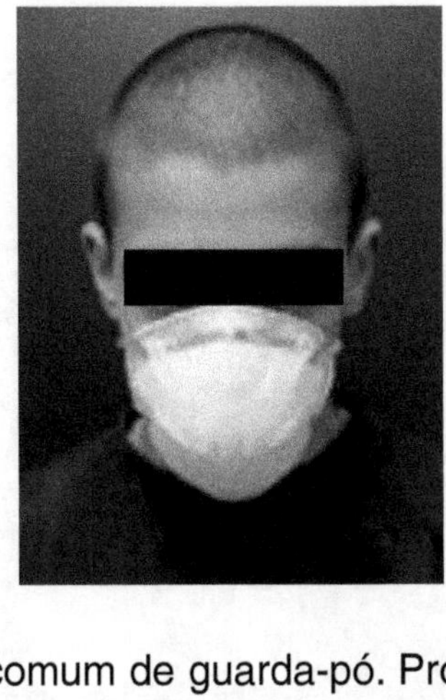

Este é o tipo mais comum de guarda-pó. Protege contra partículas em suspensão no ar, desde que sejam partículas de tamanho superior a 5 micra. Explica-se: partículas muito pequenas podem passar através do guarda-pó e atingir os pulmões. Guarda-pó é um EPI indicado para proteger contra poeiras maiores que 5 micra, pequenos cavacos, névoas, neblinas, fumos e outras partículas sólidas ou líquidas. Não é eficiente contra gases, pois, como já dissemos, se o ar passa, o gás nele disperso também passa.

SILICOSE

A silicose chegou a ser uma das mais graves e frequentes pneumoconioses no país, até que a Portaria n. 99, de 19.10.2004, proibiu o processo de trabalho de jateamento que utilize areia seca ou úmida como abrasivo, evitando, assim, que poeiras resultantes do processo de jateamento pudessem levar o trabalhador a adquirir silicose. O maior perigo está nas ínfimas partículas que entram facilmente no nosso organismo, atingindo os alvéolos pulmonares e ali se acumulando.

ATENÇÃO!

Há muitas operações clandestinas na indústria da Construção Civil em que a um trabalhador é fornecida simplesmente uma máscara inadequada para proteger contra areia usada em máquinas de jateamento, geralmente em locais fechados, emanando dessas operações milhares de partículas de sílica livre, menores de 5 micra.

Na verdade, partículas maiores tendem a ser retidas nos canais respiratórios superiores, principalmente pelo nariz, cujos pelos naturais são capazes de acumular essas partículas. Veremos no Capítulo dedicado a Riscos Químicos como se processa esse fenômeno.

ROUPAS PROTETORAS

Há determinadas operações, principalmente nas operações pesadas da Construção Civil, que requerem o uso de roupas especiais protetoras.

Já mencionamos neste Capítulo o processo de soldagem elétrica ou oxiacetilênica. Vale repetir, entretanto, que, além das máscaras para proteger a face e os olhos contra radiações, é necessário usar roupas especiais, principalmente mangotes para proteção total dos braços, avental de raspa e botas especiais.

Se sua empresa está construindo um hospital, clínica ou outro estabelecimento que requeira o uso de raios X, raios â, césio ou outro material radioativo, não assuma riscos! Convença seus diretores a contratarem empresas especializadas nesse tipo de operação (a NUCLEN, estatal que cuida de energia nuclear, pode ajudar). Radiações ionizantes podem ser fatais, se não forem manuseadas por especialistas especializados.

BRIGADA DE INCÊNDIO

Se sua empresa possui Brigada de Incêndio, além dos brigadistas estarem muito bem treinados para prevenir e combater o fogo, eles jamais devem enfrentar as chamas "de peito aberto". Forneça-lhes ou mantenha à sua disposição roupas apropriadas, tais como casacos antichamas, capuz ou capacete apropriado e botas especiais, além de todos os demais equipamentos apropriados para combate ao fogo.

ROUPAS DE ALTA VISIBILIDADE

Este casaco destina-se a trabalhos onde a visibilidade do operador seja altamente necessária. É indicado para ajudantes ou sinalizadores de máquinas operatrizes, bem como operadores em geral trabalhando próximos a locais de risco onde a boa visibilidade seja essencial.

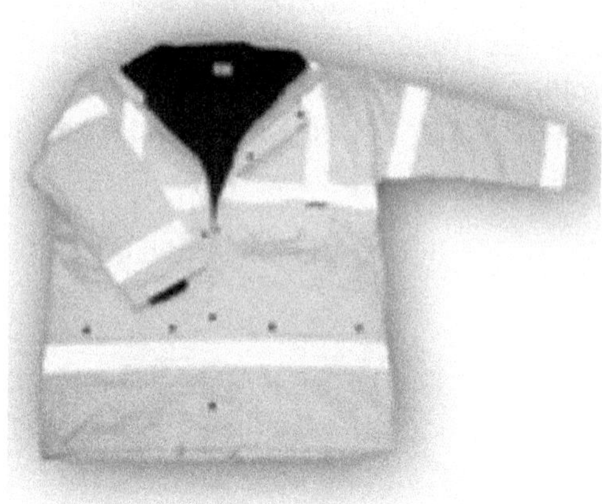

Este é outro exemplo de roupa de alta visibilidade. Sua aplicabilidade é idêntica ao casaco acima, apenas não possui forração e mangas compridas.

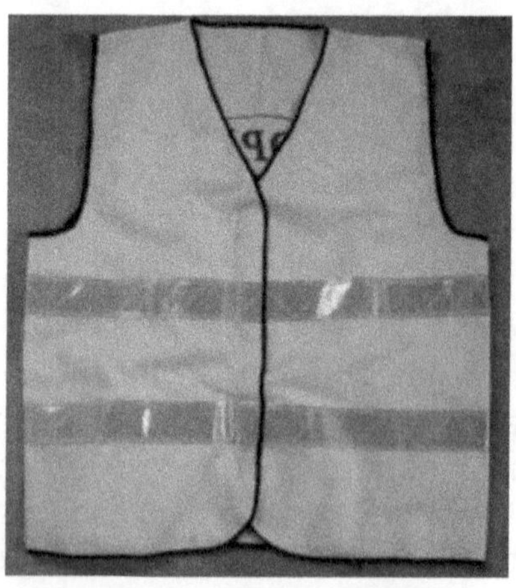

Deve ser usado sobre outra roupa ou uniforme.

Por não apresentar mangas compridas, é mais indicado para trabalhos em dias de calor ou nas proximidades de fontes de calor. Esse tipo de roupa é utilizado com frequência para sinalizar perigo.

ROUPA DE PROTEÇÃO TOTAL

Essa roupa protege contra o frio, chuva ou condições adversas. Repare que, além do macacão vedado, o operador utiliza também capuz, luvas e calçado de segurança. Na Construção Civil, este tipo de roupa pode servir para proteger nos casos de manuseio de material pesado sob condições difíceis e adversas.

JOELHEIRAS

Na Construção Civil há certas operações em que o trabalhador precisa trabalhar ajoelhado, como, por exemplo, na instalação de pisos ou execução de trabalhos em níveis inferiores. Tendo em vista que os joelhos são partes do nosso corpo muito importantes, convém protegê-los adequadamente.

CAPÍTULO 12

PROTEÇÃO CONTRA RISCOS QUÍMICOS

Riscos químicos estão muito presentes na Indústria da Construção Civil. Podemos enumerá-los, quanto à sua natureza, em riscos em estado líquido, sólido ou gasoso. Em muitos casos, um simples risco em estado sólido pode passar a emanar gases ou vapores tóxicos.

O primeiro passo para identificar riscos químicos, principalmente gases e vapores, é possuir um detector especial que identifica a natureza do risco, sua concentração no ambiente e outras informações importantes que levam a princípios fundamentais da prevenção de acidentes ou doenças profissionais provenientes da exposição a esses agentes:

1. Substituição do agente tóxico por outro inerte;

2. Substituição do agente tóxico por outro que apresente menor perigo à saúde do trabalhador; e, finalmente, porém mais importante:

3. Adotar medidas de proteção coletiva que removam com eficácia o agente tóxico do ambiente de trabalho.

O uso do EPI só deve ser considerado depois de esgotados os passos anteriores, ou seja, procurar eliminar o agente ou substituí-lo por outro menos agressivo, isolar o agente, utilizar proteção coletiva quando isso for possível e, por fim — repito, apenas esgotadas todas as etapas anteriores, utilizar o EPI.

Na indústria da Construção Civil os principais riscos de natureza química provêm do manuseio dos mais diversos produtos, cujo uso às vezes é inevitável. Os riscos químicos têm importância especial para os prevencionistas, porque podem ser responsáveis não só por acidentes, que são ocorrências instantâneas, como também (e, talvez, principalmente) pela acumulação de resíduos ao longo do tempo e o surgimento posterior de doenças profissionais.

São inúmeros os agentes de natureza química, a cuja exposição se expõe o trabalhador da Construção Civil, desde trabalhos simples de alvenaria até mesmo trabalhos mais complexos que requerem o uso de produtos especializados. Vejamos alguns exemplos:

ALVENARIA

O assentamento de tijolos, tanto de cimento (blocos) como de barro, envolve o manuseio de certos produtos potencialmente perigosos, tais como cal (a cal virgem, em contato com a água, aquece e pode causar queimaduras), o cimento e, eventualmente, britas. Repare na figura abaixo: o trabalhador usa luvas, capacete e roupa especial, ao contrário do que comumente se vê, com trabalhadores assentando materiais sem nenhuma proteção individual. Em certas operações comumente chamadas de "chapisco", em que a massa de cimento é atirada contra paredes, para fixar bem os tijolos e torná-los aptos a receber reboco, é mandatório que os operadores façam uso de óculos de segurança, pois respingos podem atingir seus olhos e causar lesões graves.

REBOCO

Operações de rebocar uma superfície são pouco agressivas, mas requerem o uso de óculos de segurança, luvas e botas. Na etapa seguinte ao reboco, que consiste em passar a "régua" para igualar a superfície rebocada, recomenda-se também o uso de aventais.

À guisa de exemplo, operações de reboco e alinhamento são uma grande fonte de desperdício de material.

PINTURA

A pintura de uma estrutura, em si, não oferece riscos consideráveis, além da possibilidade de respingo do material nos olhos do operador. Por essa razão, recomenda-se o uso de óculos de segurança e avental.

O pintor deve também saber e tomar as devidas precauções quanto aos solventes da tinta que está usando. Se for tinta à base de água, nada a fazer a não ser usar o EPI acima especificado. Se for a chamada "tinta a óleo", que requer algum tipo de solvente, como hidrocarbonetos do tipo benzeno, xilol, toluol ou até mesmo aguarrás, as precauções devem ser muito rígidas, pois esses produtos, se inalados em grandes concentrações, podem levar a doenças ocupacionais graves ou até mesmo desmaios durante a operação, o que pode trazer consequências imprevisíveis, principalmente se os trabalhos de pintura foram feitos em locais altos. Desnecessário dizer que em trabalhos acima de dois metros de altura, há a necessidade de uso de cinturões de segurança.

VAZAMENTOS

É muito comum haver vazamentos ou transbordamentos nos recipientes que contêm as tintas, causando não apenas desperdício, como também transformando o piso das imediações em risco de escorregões e quedas. Observe o balde acima. Alguém deixou de tomar as devidas precauções e o balde, ao tombar sem a devida tampa protetora, causou uma condição totalmente insegura de trabalho, além de desperdício do material.

GLP

O Gás Liquefeito de Petróleo é um produto extremamente perigoso, se for manuseado indevidamente. As razões:

1. É altamente inflamável
2. É tóxico se aspirado em grande quantidade e pode matar
3. É largamente usado em lares e também na Construção Civil, onde muitas vezes alimenta "maçaricos" de baixa pressão
4. Se submetido ao sol escaldante ou a altas temperaturas, pode explodir

Destarte, o "inocente" botijão de gás que alimenta os fogões em nossa cozinha pode se transformar em verdadeira arma, ou "bomba" explosiva. Cabe, portanto, evitar o uso em atividades diretamente ligadas à Construção Civil.

Se sua empresa possui alojamentos para os trabalhadores, os cuidados devem ser redobrados, pois muitos deles fazem uso do GLP para esquentar sua alimentação ou outros propósitos ligados a aquecimento.

CHUMBO

Largamente utilizado no passado, inclusive na Construção Civil para fixação de armaduras, soldagem e fixação de esquadrias, hoje em dia há outros compostos que não apresentam a potencialidade de aquisição de doenças profissionais causadas pelo chumbo, sendo a principal delas o saturnismo. Essa doença atinge aqueles que trabalham ou manipulam diretamente o chumbo e sua presença no organismo é detectada por exames de sangue ou urina específicos (antigamente media-se os níveis de coproporfirina). Muitas das antigas aplicações do chumbo estão hoje proibidas, como a fabricação e uso do chumbotetraetila, usado até alguns anos atrás para ser misturado à gasolina.

Operações perigosas, tais como a extração e refino do minério, requerem absoluto controle e uso de EPI especial (máscaras e luvas, pois o chumbo pode penetrar através da pele).

Há algum risco, na Construção Civil, na remoção ou manipulação de baterias automotivas, cujas placas são revestidas de chumbo. Nesses casos, justifica-se mais fortemente o uso de luvas.

CROMO E SEUS COMPOSTOS

É um agente perigoso, estando presente em operações de galvanoplastia (cromagem) ou pintura com pistola. Nestes casos, se a tinta possuir algum derivado do cromo, é necessário utilizar EPI apropriado: luvas impermeáveis para proteger mãos e braços, avental e máscara respiratória, pois a pintura com pistola a ar comprimido, em si, gera névoas que poderiam ser aspiradas se o operador não estiver equipado com máscara.

HIDROCARBONETOS AROMÁTICOS

Apresentamos a seguir uma lista dos principais hidrocarbonetos aromáticos, muitos dos quais podem estar presentes na indústria da Construção Civil, principalmente nos casos de construções de grande porte em que os prazos de entrega da obra pronta são rigorosos e objetos de multas por atrasos:

- Cloreto de metila: usado como desengraxante, desengordurante e principalmente como removedor de pinturas;
- Clorofórmio: usado como solvente de lacas;
- Tricloetileno: usado como desengraxante, agente de limpeza a seco e de extração de manchas;

ATENÇÃO:

O tricloroetileno se decompõe diante de fontes de luz ultravioleta, e seus compostos, se aspirados, podem causar asfixia.

- Manganês: verifique se os eletrodos de soldagem elétrica possuem manganês. Se for o caso, substitua-os por outros que não contenham esse produto;

- Mercúrio: é extremamente perigoso se seus vapores forem aspirados. Se houver derramamento acidental, as consequências podem ser danosas ao extremo.

MONÓXIDO DE CARBONO

É um gás incolor e inodoro; portanto, de difícil detecção no meio ambiente. Costuma estar presente em garagens onde algum veículo é deixado com o motor ligado, em ambiente fechado.

É um gás asfixiante que, uma vez nos pulmões, age em conjunto com as hemoglobinas, evitando a oxigenação sanguínea.

Pode também estar presente em ambientes fechados onde haja fonte de calor, pois o monóxido de carbono é resultante de uma combustão incompleta de qualquer material, como lenha, carvão ou outro combustível fóssil.

A melhor forma de prevenir acidentes envolvendo contato dos trabalhadores com o monóxido de carbono é orientá-los convenientemente sobre suas características, pois o gás não tem cheiro nem cor que possam evitar sua exposição a esse inimigo traiçoeiro.

SÍLICA LIVRE

Chama-se sílica livre as partículas oriundas do lixamento ou da exploração de quartzo, cujas partículas sejam menores que 5 micra; portanto, não conseguem ser retidas pelas vias aéreas superiores e atingem o pulmão, causando uma grave doença chamada silicose, como já abordamos anteriormente.

Essa doença é incurável e cumulativa. Caracteriza-se pela formação de nódulos nos pulmões, onde atua causando pequenas cicatrizes que vão progredindo com o passar do tempo, até diminuir drasticamente a capacidade de respirar. No princípio pode ser confundida com edema pulmonar, pneumonia ou tuberculose, daí a razão de se verificar com precisão o tipo de trabalho que o operador exercia.

A silicose comumente afeta os mineiros, após anos seguidos de inalação dessa poeira presente ou suspensa no ar dos túneis e galerias. Durante muito tempo foi utilizada na indústria em geral para jateamento de peças, utilizando-se areia. Como resultado da fragmentação da areia em partículas microscópicas, a sílica acabava se depositando nos alvéolos pulmonares, rompendo as células e destruindo-as. Como consequência advém grande dificuldade respiratória e baixa oxigenação do sangue, incapacitando o trabalhador para o exercício de sua profissão, pois a doença é irreversível.

No Brasil, a Portaria n. 99, de 19/10/2004, proibiu processos de trabalho que utilizassem areia seca ou úmida como abrasivo, visando evitar que o trabalhador ficasse exposto às partículas resultantes do jateamento e adquirisse silicose.

Na Construção Civil esse fato é mais raro, mas pode ocorrer em cabines fechadas onde o jateamento ainda seja feito com areia, que é o componente mais barato. Atualmente utilizam-se pequenas esferas de aço, em lugar da areia, de forma a não gerar poeiras de sílica. Esse é um exemplo típico de substituição do agente agressivo por outro que não apresente tais riscos.

A silicose é a mais antiga e a mais grave das doenças populares, existindo desde a mais remota Antiguidade. Por ser uma fibrose pulmonar causada pela inalação de poeiras contendo partículas finas de sílica livre, pode levar anos ou décadas para se manifestar. Por ser uma pneumoconiose de evolução progressiva e irreversível, pode-se imaginar quantos trabalhadores, ao longo do tempo, sofreram dessa terrível doença ocupacional.

Não há prevenção eficaz contra a silicose, seja máscaras ou suprimento de ar limpo, pois resíduos da sílica permanecem nas roupas e utensílios do trabalhador e, daí, entram em seu organismo. Como dissemos, a forma mais eficaz é simplesmente substituir o agente nocivo por outro que não apresente tais riscos, no caso, pequenas esferas de aço simulando areia e não produzindo qualquer tipo de sílica livre.

Proteção coletiva também é bem aceita, desde que extremamente bem projetada e após medições apuradas da presença no ar de partículas de sílica livre.

ASBESTO (AMIANTO)

O uso continuado do asbesto (ou amianto, como é mais popularmente conhecido) resulta numa pneumoconiose que, inicialmente, se parece com uma pneumonia, mas as fibras do amianto são cumulativas nos pulmões e evoluem para uma fibrose chamada asbestose.

Por ser agente cancerígeno, seu uso está proibido ou limitado em grande número de países, inclusive no Brasil.

O amianto foi muito utilizado até recentemente na fabricação de caixas-d´agua, lonas de freios de automóveis e inúmeras outras aplicações industriais.

Se a obra em que você trabalha possui alojamentos onde o pessoal se banha ou cozinhas onde se tomam as refeições, verifique se as caixas-d'agua são de amianto. Se forem, interdite-as imediatamente, pois além de expor sua empresa a multas pelas autoridades trabalhistas, ainda expõe seus trabalhadores a involuntariamente ingerirem fibras de amianto que, com o tempo, vão se desprendendo da estrutura da caixa-d´agua.

ÁCIDOS E ÁLCALIS PERIGOSOS

Na indústria da Construção Civil há determinadas operações que requerem certos produtos perigosos, em operações de desengraxamento ou dissolução de tintas, ou ainda descupinização de madeira.

Há também na indústria da Construção Civil o uso ou aplicação pelo simples contato, como ácidos ou alcalinos, causadores de lesões, como também por ingestão, inalação ou simples contato com a pele.

Na Construção Civil usa-se muito a soda cáustica como desengraxante ou material de limpeza.

Esse produto deve ser evitado, por ser corrosivo e poder causar graves irritações cutâneas, ou se misturado com outros agentes, tais como ácido clorídrico ou ácido sulfídrico. Embora ácidos e álcalis quimicamente se neutralizem, podem gerar substâncias perigosas, se inaladas ou ingeridas. Para o manuseio de ácidos ou álcalis, é absolutamente indispensável o uso de luva de cano longo.

CAPÍTULO 13

RISCOS BIOLÓGICOS

Se você trabalha em grandes obras afastadas dos centros urbanos, tais como abertura de estradas, construção de hidroelétricas, desmatamento de áreas onde serão levantadas obras grandes, você pode ter de enfrentar riscos biológicos das mais variadas espécies.

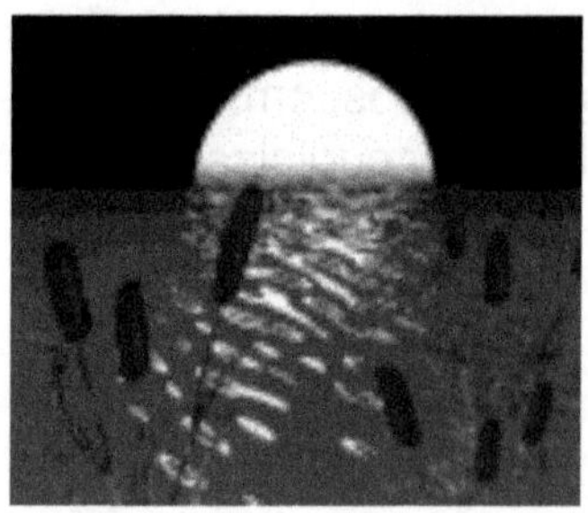

A primeira recomendação: EVITE ÁGUAS PARADAS, ou mesmo recipientes que possam armazenar águas, os quais podem servir como criadouro natural de larvas ou ainda abrigar certos tipos de animais perigosos.

MOSQUITOS E OUTROS INSETOS

Nas regiões mais afastadas dos centros urbanos (e até mesmo nas grandes cidades...) podem existir mosquitos potencialmente perigosos. Entre eles destacam-se alguns tipos especiais de mosquitos, os quais habitam locais afastados ou águas paradas, como dissemos acima, podendo armazenar viroses em seu corpo e, ao picarem uma pessoa sã, podem injetar-lhe o vírus causador de inúmeras doenças.

Dentre os riscos presentes nesses locais destacam-se os mosquitos transmissores da varíola (doença que já matou milhões de pessoas ao longo dos tempos, o transmissor da dengue e o transmissor da febre amarela, outra doença que já fez incontáveis vítimas fatais).

O melhor remédio para evitar esse tipo de risco é a vacinação. Varíola e febre amarela já dispõem de vacinas eficazes, mas a dengue ainda não. Lembre-se de que a vacinação deve ser feita com 10 dias de antecedência ao deslocamento a esses locais, onde essas doenças são praticamente endêmicas.

TUBERCULOSE

É uma doença que estava praticamente extinta no Brasil, mas voltou com toda força. A melhor forma de prevenir sua transmissão é, primeiramente, fazer exames médicos apurados. Uma vez constatada a doença, que, evoluindo a níveis perigosos, pode matar, o melhor meio é tratá-la a tempo. A seguir, não permitir o uso de copos, talheres etc. por várias pessoas ao mesmo tempo. Por via das dúvidas, um trabalhador com suspeita de tuberculose deve ser isolado até que se constate a existência ou não da doença.

A tuberculose é causada por um bacilo (Bacilo de Koch) e sua vacinação nos primeiros meses de vida é obrigatória, mas mesmo pessoas já vacinadas na infância estão adquirindo-a. São inúmeros os casos constatados nessa circunstância. Portanto, previna-se.

Nos locais afastados, com a presença muito grande de trabalhadores alojados, um só portador de tuberculose pode contaminar vários outros.

A presença de um médico e de um auxiliar de enfermagem do trabalho é mandatória nesses locais, não apenas para focalizar os casos de tuberculose, mas também todos os demais casos de contaminação.

ANIMAIS PEÇONHENTOS

A imagem ao lado representa uma cascavel, ofídio de alta periculosidade, cuja picada injeta um veneno capaz de atacar o sistema nervoso central e fazer paralisar órgãos importantes do corpo humano, principalmente pulmão e rins. Nos locais de "desbravamento" de matas ou pastos, use botas, pois os ofídios picam preferencialmente os membros inferiores (pernas e pés). Tenha sempre disponíveis frascos de soro antiofídico para as várias espécies de cobras que possam habitar os locais de trabalho.

Cobras do gênero botrópico são as mais encontradas no país (jararaca, jararacuçu, urutu e outras), sendo que a ação de seu veneno se dá mais por necrose do local atingido com posterior evolução para consequências mais graves. É também recomendado o uso de botas, pois essas cobras geralmente são rasteiras, sua picada causa grande dor e até mesmo a morte ou amputação de membros por gangrena. As jararacas podem se enrolar em galhos de arbustos, cercas e mourões, atingindo outras partes do corpo.

Os primeiros socorros consistem em "sugar" o máximo possível do veneno inoculado, fazendo pequenas incisões ao seu lado, tentando diminuir ao máximo a quantidade de veneno que entrará em circulação no corpo humano.

ATENÇÃO:

Certifique-se de que seu ambulatório está dotado do soro antiofídico indicado para as possíveis situações que serão encontradas nas operações de desmatamento.

Há outros tipos de cobras venenosas. A coral verdadeira é tida como a possuidora do veneno mais letal, mas é uma cobra tão passiva que dificilmente há registros de acidentes envolvendo esse tipo de ofídio.

Falemos das aranhas. Todas elas possuem veneno, até mesmo as inocentes aranhas papa-moscas que vivem nas proximidades de nossas casas. Ocorre que essas pequenas aranhas são inofensivas para o homem. Há, porém, dois tipos potencialmente perigosos: a aranha marrom e a pequena e frágil aranha loxsócele, que costuma habitar sótãos e lugares escuros, inclusive dentro de nossas casas. A aranha marrom é a mais agressiva, chegando a "pular" até uma distância de 25 cm para atingir sua presa. Vive, geralmente, ao redor de pés de banana ou cana, caçando outros insetos. Seu veneno pode não chegar a causar a morte, mas é muito perigoso para crianças e causa grande dor. Previna-se ao aproximar-se desses locais e mantenha distância desses aracnídeos tão perigosos.

Escorpiões são um perigo na indústria da Construção Civil.

Alojam-se embaixo de pilhas de madeira, de entulhos, pilhas de telhas ou tijolos e até mesmo dentro de casa. Em alojamentos de grandes obras já foram encontrados ninhos de escorpião dentro dos próprios alojamentos ou até mesmo junto à roupa de trabalho do pessoal. Sua ferroada, embora na maioria dos casos (exceto em crianças) não seja fatal, pois aqui predomina o espécime *tityus serrulatus*, não tão agressivo como outras espécies encontradas na África e na América do Norte, causa grande dor e com frequência afastamento do trabalho por alguns dias.

ATENÇÃO:

Ao manusear toras de madeira, tábuas, telhas, tijolos, entulho e outros restos de material oriundos da Construção Civil, faça-o com luvas e botas, pois você pode estar expondo suas mãos e pés ao ferrão do escorpião.

INFECÇÕES POR VÍRUS

Infecções viróticas são mais raras na indústria da Construção Civil, mas têm sido reportados alguns casos de infecção pelo vírus da AIDS e, com muito mais frequência, pelas várias formas de gripe.

Os casos de gripe têm causado incontáveis prejuízos às empresas, de qualquer ramo de atividade, em termos de dias perdidos de trabalho.

Para os maiores de 60 anos a vacinação anual contra a gripe está disponível. Para os demais, são recomendadas medidas de profilaxia, que consistem em evitar que um trabalhador gripado possa propagar o vírus a outros trabalhadores sãos. O médico do trabalho é a única pessoa que pode prescrever algum medicamento ou determinar o isolamento temporário do trabalhador doente, requerendo, às vezes, algum tratamento mais especializado se se vislumbrar que aquela gripe possa evoluir para doença mais grave, como, por exemplo, pneumonia.

Um bom exame pré-admissional pode detectar eventuais potencialidades de doenças viróticas. Em caso de suspeita, deve-se fazer até mesmo exames especializados de sangue e urina.

Dessa forma, você terá em sua obra trabalhadores sadios e livres de problemas imediatos causados por viroses.

CAPÍTULO 14

RISCOS DE NATUREZA MECÂNICA

São considerados riscos de natureza mecânica os riscos causados pela ação do homem ou por forças da Natureza, causando ou não lesões. Embora esse tipo de risco possa na maioria das vezes — repito, na maioria das vezes! — causar apenas danos materiais, vamos nos concentrar nos riscos que afetam diretamente o trabalhador, seja por seus próprios atos ou pelas condições em que exerce seu trabalho.

Na indústria da Construção Civil são utilizadas inúmeras ferramentas de mão. Há duas considerações sobre elas:

1. Usar a ferramenta certa para o tipo de trabalho a executar. Exemplo: um alicate não deve ser usado como chave de boca.

2. Usar somente a ferramenta que esteja em bom estado. Exemplo: uma chave de boca "espanada" não desempenhará corretamente seu papel.

Na indústria da Construção Civil os riscos de natureza mecânica estão geralmente relacionados aos seguintes fatores:

- Quedas (de altura ou do mesmo nível)
- Manuseio inadequado de ferramentas
- Operação com máquinas inadequadas
- Trabalho com ferramentas inapropriadas
- Prática de atitudes de risco
- Condições inadequadas de trabalho

Com relação a quedas, as quais se constituem no principal agente causador de óbitos ou incapacidades permanentes para o trabalho na Construção Civil, dedicaremos ao assunto um Capítulo à parte.

FERRAMENTAS MANUAIS

São muito usadas na Construção Civil, pois delas depende a qualidade do serviço apresentado pelo operador. Vamos apresentar alguns exemplos:

MARTELO DE UNHA

É ferramenta indispensável para trabalhos na Construção Civil e carpintaria. Seu uso correto é sempre recomendado, jamais fazendo uso do martelo para outras finalidades. Tome cuidado, pois ao bater em um prego de aço, cavacos podem se soltar e atingir o operador.

À esquerda, chave de rosquear múltipla. Permite trocar as várias bitolas do rosqueador e gira tanto para a esquerda como para a direita.

Abaixo, exemplos de chave inglesa, que substituem as chaves de boca, pois permitem regulagem da abertura. A imagem da direita é um grifo de encanador.

Acima estão imagens também muito comuns na Construção Civil: uma “chave Phillips” e um formão, sendo que esta última ferramenta é essencial para entalhes em madeira.

Um dos pontos mais importantes no manuseio de ferramentas manuais é mostrado neste exemplo: a chave de boca (no caso é uma chave combinada, aberta e estrela) deve ser do tamanho apropriado para os fins a que serão utilizados. Exemplificando: uma chave de 10 mm não deve ser usada no lugar de uma de 11 mm, caso contrário não funcionará corretamente e causará o possível espanamento da porca a ser apertada ou afrouxada.

ALICATES

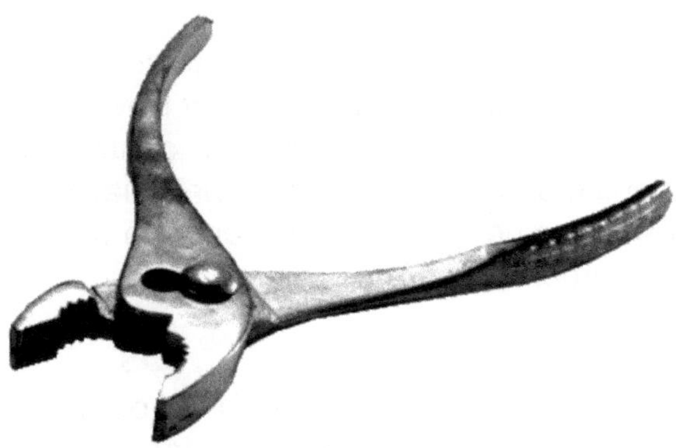

Alicates não são uma ferramenta “inocente” como podem parecer a princípio. Contêm certos riscos, principalmente se mal manuseados. Este exemplo mostra um alicate comum, porém, para serviços especiais são também necessários alicates especiais, como, por exemplo, alicate de corte, alicate isolante para eletricistas, alicates cortadores de lâminas, tesourões etc.

SERRA DE ARCO

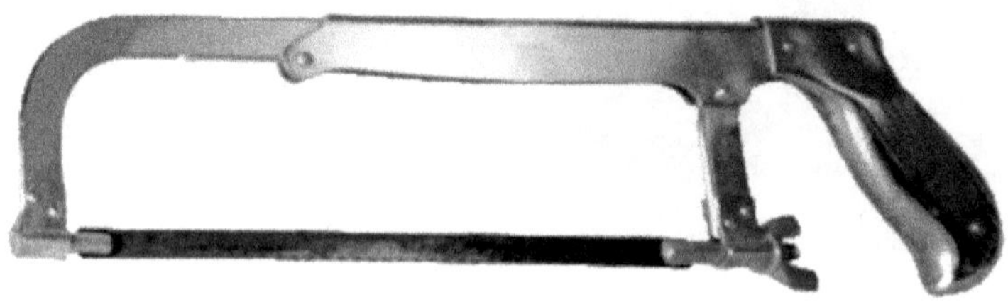

É preciso tomar cuidado, não aplicando muita força na operação, para evitar que a lâmina se rompa e cause ferimentos nas mãos e braços do trabalhador ou ainda atinja outros trabalhadores e cause a perda do trabalho realizado.

SERROTES

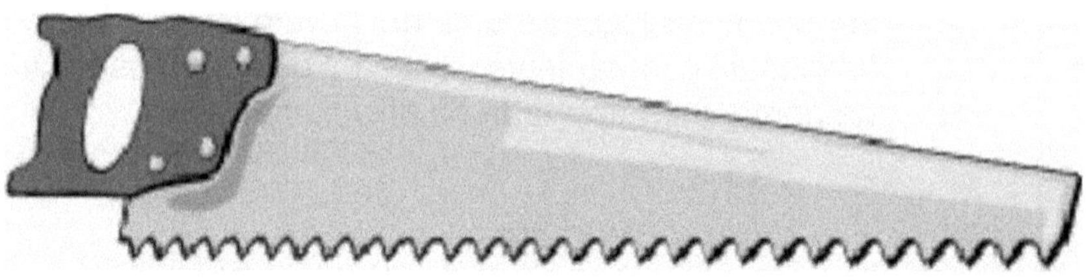

Podem ser muito perigosos. Usados frequentemente em carpintarias, suas lâminas devem ser apropriadas ao trabalho a ser feito, caso contrário podem dobrar-se durante a operação e romper-se. Seus dentes afiados devem estar suficientemente distribuídos de forma a que sua atuação seja a mais eficaz possível. Tanto nos casos de serras de fita como no uso de serrotes devem ser utilizadas luvas apropriadas.

O mau uso, a inexperiência ou ainda ferramentas em mau estado ou inadequadas para o trabalho a ser realizado podem causar lesões sérias, muitas delas irreversíveis.

Mais uma vez esse fato demonstra a necessidade de:

1. Contratar profissionais experientes;

2. Treinar sempre, principalmente quando novas ferramentas tiverem sido incorporadas às atividades empresariais.

FERRAMENTAS ELÉTRICAS FIXAS E PORTÁTEIS

Na Construção Civil há necessidade de levar ferramentas até um certo local onde operações estão sendo feitas. Geralmente são ferramentas alimentadas por eletricidade, o que muitas vezes requer cabos de extensão, cujo cuidado deve ser sempre redobrado, pois um fio elétrico danificado pode comprometer o trabalho.

Furadeiras elétricas são um dos exemplos mais comuns utilizados na Construção Civil, pois servem tanto para perfurar materiais, como concreto (utilizando brocas de vídia) e também para impactos contra superfícies concretadas, utilizando espoletas (esta é uma ferramenta especial) que requer muito treinamento e especialização do operador.

Serras elétricas portáteis muitas vezes são necessárias em locais extremos da obra, principalmente em se tratando de grandes edifícios, pontes, viadutos etc., mas devem ser operadas por trabalhadores qualificados e sabedores dos riscos a que eventualmente estão expostos e que poderão causar lesões aos companheiros que estejam trabalhando nas proximidades. As serras elétricas portáteis devem ser providas de capa protetora da lâmina cortante e manoplas adequadas para segurar o equipamento com uma das mãos enquanto opera a serra com a outra mão.

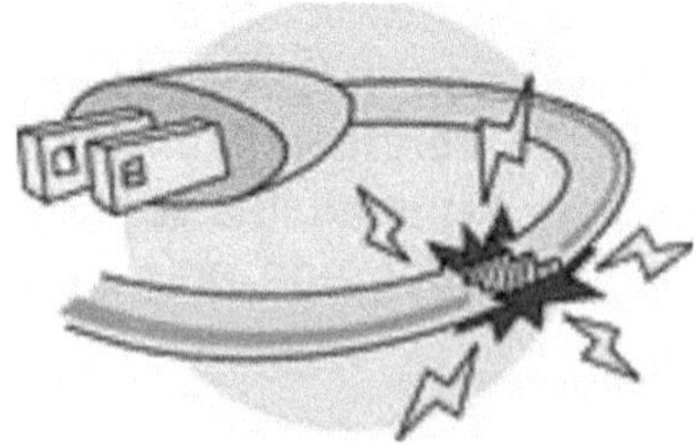

Tome sempre o máximo cuidado com a fiação elétrica que abastecerá as ferramentas, que estão sempre sujeitas a movimentações de um lugar para outro e isso facilita o rompimento de cabos e, por conseguinte, choques elétricos ou danos aos equipamentos.

SUPERAQUECIMENTO DE LINHAS ELÉTRICAS

Há incontáveis casos de incêndios causados por superaquecimento de linhas elétricas pela sobrecarga das fontes de energia. Proíba o uso de “benjamins”, como também de extensões improvisadas.

ATERRAMENTO

Inspecione cuidadosamente as ferramentas elétricas portáteis e certifique-se de que estejam adequadamente aterradas. Recentemente a ANEEL introduziu novos modelos de tomadas e soquetes, mas há uma forte tendência a adaptar os velhos modelos para que passem a funcionar dentro dos antigos padrões. Não permita isso. Mande trocar os velhos terminais e tomadas pelos novos formatos introduzidos.

FERRAMENTAS CORTANTES

Na Construção Civil são várias as ferramentas de corte, cujo manuseio inadequado pode causar os mais diversos tipos de lesão, principalmente cortes.

Este exemplo mostra uma faca de açougueiro, muito utilizada nas cozinhas de canteiros de obras afastados, onde existe a necessidade de manter cozinhas apropriadas, conforme exige a NR-19.

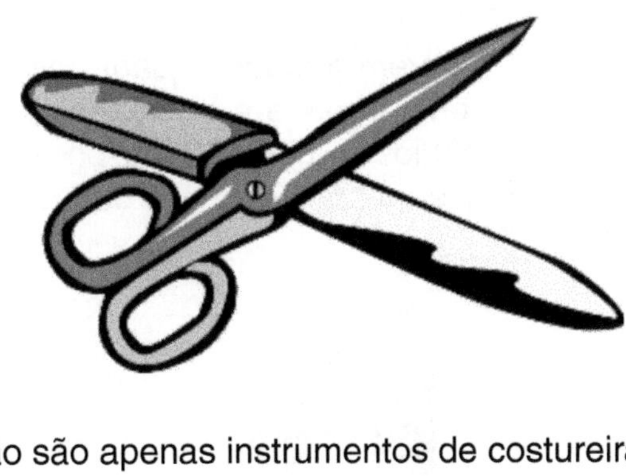

Tesouras não são apenas instrumentos de costureiras...

Na Construção Civil são utilizadas (erradamente, aliás) para cortar fios, cortar coberturas de lona ou plástico, e muitas outras aplicações indevidas. Aqui vemos uma faca e uma tesoura, objetos causadores de inúmeras lesões na Construção Civil, principalmente se forem utilizadas para outros propósitos a que não foram destinados.

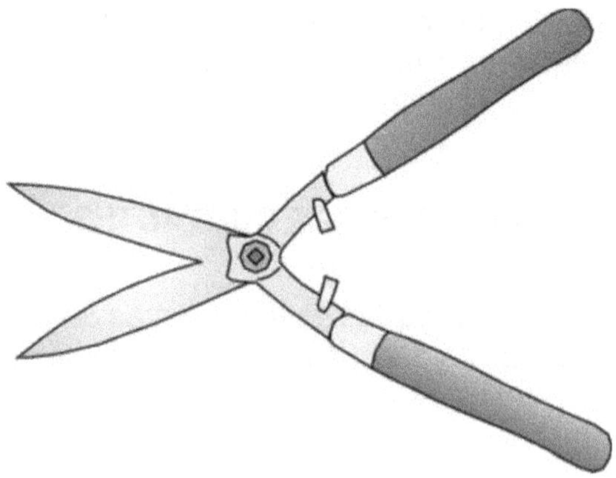

Tesourões de corte são muito utilizados na Construção Civil, principalmente para desbastar galhos e arbustos que estejam atrapalhando ou impedindo a execução de um trabalho. Mantenha os tesourões bem afiados, para evitar esforço excessivo do trabalhador ou prensamento de suas mãos entre os cabos do tesourão.

Tesourões de corte são também muito comuns na Construção Civil, principalmente para cortar chapas de aço, zinco ou outro material utilizado em calhas, exigindo muita força do operador.

Os maiores cuidados a serem tomados quanto ao manuseio desses tesourões reside no fato de que, durante a operação de corte de chapas, resultam inúmeros fiapos e resíduos da folha cortada, podendo ferir o operador pela penetração em suas mãos ou braços. O uso de luvas é imprescindível nessas operações.

Muito utilizado em escritórios, para diversas finalidades, o estilete pode se converter em um instrumento cortante perigoso. Sua utilização deve ser restrita aos escritórios, para recortar papéis principalmente, mas há casos reportados de acidentes com estiletes que estavam sendo utilizados, acreditem, para descascar laranjas... Não permita isso em sua obra.

Limas ou grosas não são propriamente objetos cortantes, mas abrasivos e potencialmente causadores de lesões ao arranhar a pele do trabalhador. Todavia, é bom incluí-las como ferramentas potencialmente capazes de causar lesões por atrito com a pele ou partes do corpo do operador, ao menor descuido durante seu manuseio.

CAPÍTULO 15

RISCOS DE NATUREZA FÍSICA

Os riscos de natureza física podem ser definidos como condições nocivas encontradas no ambiente de trabalho, afetando diretamente a saúde ou integridade física do trabalhador. Falemos deles:

RUÍDO

Ambiente de trabalho ruidoso é aquele cuja frequência e/ou intensidade ultrapassam os limites de tolerância definidos pela NR-15, a qual trata dos agentes insalubres no ambiente de trabalho. É sabido que numa obra produzem-se ruídos das mais variadas naturezas. São dezenas de máquinas trabalhando ao mesmo tempo, bem como atividades tipicamente ruidosas que requerem proteção especial.

O ideal para se eliminar o ruído é projetar e construir proteções coletivas que neutralizem sua intensidade, mas há situações em que isso se torna difícil, quase impossível. Imagine o motor de uma máquina de grande porte trabalhando a pleno vapor. O que fazer?

Na impossibilidade de eliminar o agente causador do ruído, ou mesmo neutralizá-lo, apela-se ao EPI, seja por meio de protetores auriculares de várias características, ou até mesmo protetores auriculares tipo pino, cuja eficácia é menor, mas pode ser indicado em certas circunstâncias.

Esse protetor auricular tipo fone, dependendo da operação a que o trabalhador está sujeito, pode absorver ruídos de até 120 decibéis, muito acima do suportável pela audição humana. É o caso, por exemplo, de operadores de aeroportos que trabalham próximos a turbinas de jatos ligadas à plena aceleração. Felizmente não temos situações como essa na indústria da Construção Civil, mas infelizmente há casos de máquinas e operações que produzem ruído intenso, requerendo o uso de protetores auriculares.

Para trabalhos nos quais os níveis de ruído são mais baixos, podem ser usados protetores de ouvido (tipo tampão) individuais e higienizáveis, distribuídos a todos os trabalhadores expostos ao risco. Seu uso deve ser muito claramente explicado ao trabalhador.

CALOR

A NR-15 é composta de inúmeros anexos, tratando dos mais diversos tipos de operações insalubres, dentre as quais se destaca o Anexo 3 – Calor Radiante.

Na realidade, a propagação do calor se dá por quatro formas:

A) Condução: é o processo pelo qual o calor se transmite de um corpo a outro da forma mais simples, ou seja, por contato direto. É por meio da transmissão por condução que nós transferimos o calor do ferro de passar roupa para a roupa que está sendo passada. Na indústria isso equivale a encostar uma parte do nosso corpo junto a uma superfície quente.

B) Radiação: é a transmissão do calor por meio de ondas térmicas. Isso equivale, por exemplo, a estarmos diante de um forno aquecido e “sentirmos” o seu calor sem nele encostarmos. O exemplo mais significativo que encontramos na Natureza é a transmissão do calor do Sol: trata-se de uma bola de fogo a milhares de graus Celsius transmitindo seu calor para nosso planeta e os corpos que nele habitam.

C) Convecção: é o processo pelo qual o calor se propaga através de correntes ascendentes, como, por exemplo, num incêndio. Lembram-se do pavoroso incêndio do edifício Joelma, em São Paulo, onde morreram centenas de pessoas? Quem permaneceu nos andares mais altos sentiu mais calor que as pessoas que estavam embaixo. A transmissão por convecção, numa definição simples, ocorre quando os gases quentes tendem a subir e os mais frios tendem a descer.

D) Propagação: é a forma mais comum de transmissão do calor. Uma chama aberta incendeia algum material e ele passa a incendiar outro.

Mais uma vez vale lembrar a máxima prevencionista: elimine a fonte e você estará eliminando a condição de insalubridade. Nem sempre, porém, isso é possível e há que se trabalhar sob temperaturas extremas. Nesses casos, proteja o trabalhador. A face pode ser protegida com elmos de acrílico, que se interpõem entre a fonte de calor e o rosto do operador.

Para trabalhos mais agressivos, em que o operador precisa "manusear" metais a quente, torna-se necessário protegê-lo mais adequadamente, por meio de roupas especiais. Nesses casos, principalmente em fundições a altas temperaturas, pode até mesmo fazer-se necessário o uso de anteparos especiais.

FRIO

Na Construção Civil situações de trabalho a frio extremo são raras, a menos que se trate da construção de frigoríficos. Na realidade, o ser humano é facilmente adaptável a situações de extremo frio em seu ambiente de vida, como nos países extremamente frios no inverno, tipo Finlândia, Rússia, Canadá etc., exigindo que as pessoas se adaptem a essas variações climáticas, principalmente em pleno inverno.

Em condições normais de trabalho, entretanto, muito embora as pessoas tenham boa adaptabilidade, é difícil para o trabalhador enfrentar situações de frio extremo, muito abaixo de zero, como câmaras frigoríficas ou contato com superfícies ultrageladas. Nesses casos é preciso protegê-los com roupas especiais, capuzes e luvas, para evitar dois fenômenos acidentais: a hipotermia e as geladuras.

Hipotermia é uma situação em que a temperatura do corpo se reduz a níveis perigosos, com diversas consequências indesejáveis. Geladura é o oposto de queimadura, onde há contato intenso com superfície gelada, causando danos aos tecidos.

Ambos os casos podem ser evitados pelo uso de equipamentos de proteção individual adequados, tais como botas, roupas térmicas, luvas etc., os quais permitem ao trabalhador tanto entrar em ambientes muito frios como também ter contato com superfícies ultrageladas.

UMIDADE

Na Construção Civil é bastante comum trabalhar-se em ambiente em que a água seja fator preponderante. Atividades como limpeza de ambientes, presença de água em certos ambientes, áreas alagadas etc. são muito comuns na Construção Civil.

Nessas condições devemos medir o grau de umidade existente no ambiente, por meio de termômetros de bulbo seco e bulbo úmido, comparando-os em seguida. Se o ambiente for extremamente úmido pode ocorrer hipotermia (em casos mais raros) ou amolecimento da pele, o que exigiria medidas de natureza médica para prevenir eventuais danos à pele.

Quem trabalha em ambientes úmidos ou alagadiços deve estar protegido com botas, aventais e luvas impermeáveis, para evitar que seu organismo seja afetado pelo clima úmido existente no local. Caso surjam erupções cutâneas, o médico do trabalho deve ser acionado e, provavelmente, determinará o uso de cremes hidratantes.

TRABALHOS SUBMERSOS

Em grandes obras, principalmente na construção de pontes sobre cursos d´agua, pode ser necessária a operação em condições submersas. Imaginem, a título de exemplo, a construção de uma obra gigantesca como a Ponte Rio-Niterói, que exigiu trabalhos de concretagem subaquática de grandes dimensões durante vários anos.

Em casos similares, o trabalho deve ser confiado a mergulhadores experientes e extremamente bem protegidos, de forma a suportar pressões altíssimas (dependendo da profundidade em que o trabalho seja realizado), bem como a utilização de roupas especiais.

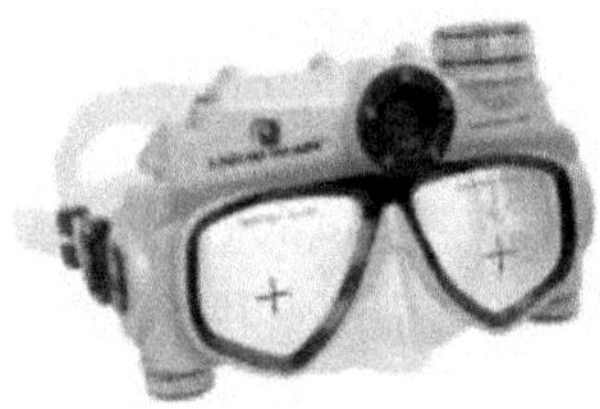

Na maioria das vezes usa-se apenas máscara de mergulho. Muitas delas com suprimento de ar, quando se tratar de trabalhos de pouca profundidade e baixo risco.

Há casos, entretanto, em que o operador deve permanecer durante longos períodos submerso, executando trabalhos de concretagem submarina ou afixando pilares de concreto, exigindo-se, nesses casos, completa roupa de mergulhador, muitas vezes tipo "escafandrista", com suprimento externo de ar.

O suprimento externo de ar para um mergulhador é extremamente importante e deve ser feito em um barco especializado contendo bombas específicas para enviar o ar àquele mergulhador que está trabalhando a metros de profundidade. Importante é notar que o ar deve ser normal, com cerca de 21% de oxigênio, ao invés de enviar apenas oxigênio puro, pois em determinadas circunstâncias o oxigênio puro pode ser inebriante. Outro cuidado a se tomar é quanto ao retorno do mergulhador à superfície, que deve ser feito por etapas, para não ocorrerem súbitos malefícios decorrentes da mudança de pressão (descompressão). O mergulhador deve estar provido não apenas de máscara de mergulho, mas de roupas especiais que protejam sua pele e condições adversas encontradas durante o período de submersão, estipuladas pelos anexos da NR-15, extensos e muito amplos, prevendo inclusive fatores tais como tempo de submersão, descompressão, câmaras hiperbáricas, primeiros socorros em caso de acidentes decorrentes da operação de mergulho.

Para os técnicos ou engenheiros de Segurança que estejam acompanhando essas operações, que por sua natureza são complexas, difíceis e arriscadas, convém aterem-se aos tempos de duração permitido, em relação à profundidade dos trabalhos a serem desenvolvidos. São tabelas muito complexas, mas que devem ser seguidas à risca, para evitar consequências danosas ao mergulhador.

Grandes empresas que atuam na construção de pontes ou comportas hidrelétricas, que exigem a realização de trabalhos submersos, contam com equipes especializadas nessas atividades. Esses trabalhadores devem passar por criteriosos exames médicos antes de serem encaminhados às operações de mergulho, conforme especifica com clareza a NR-15 em seus anexos.

Tendo em vista que, por Lei, o período após a descompressão deve ser acompanhado por médico do trabalho, compete a este designar o local adequado para essa finalidade, que deve perdurar por pelo menos duas horas.

TÚNEIS

O trabalho em túneis, seja para sua construção ou para realização de reparos, é extremamente perigoso em razão de duas circunstâncias principais: desabamentos e soterramentos.

A recomendação mais adequada que se pode proferir é SEMPRE ESCORAR AS LATERAIS que estão sendo escavadas. Essas escoras devem ser suficientemente fortes para suportar o "teto" do túnel, que deve ser igualmente suportado com base nas escoras laterais.

Atualmente há máquinas específicas para as escavações de túneis. Essas máquinas são largamente utilizadas por construtoras que trabalham nas grandes cidades escavando túneis para a passagem de metrô ou até mesmo passagens subterrâneas para aliviar o trânsito de veículos.

Essas máquinas dispõem de dispositivos especiais que vão cobrindo a superfície escavada com lâminas superpesadas de aço, concretando a seguir a parte escavada, permitindo, assim, uma escavação segura e livre de escoramentos especiais.

Os trabalhadores envolvidos na escavação de túneis devem OBRIGATORIAMENTE usar capacetes de segurança, luvas e calçados de segurança. Se a operação for sob áreas alagadas, outros equipamentos de proteção individual podem ser necessários, conforme as condições do terreno. Esse trabalho de análise prévia das condições de trabalho deve ser feito pelo técnico de Segurança do Trabalho, monitorado pelo engenheiro de Segurança e/ou pelo engenheiro responsável pelo projeto e execução da obra.

Muitas vezes (e isso é muito frequente) pode-se deparar com rochas no meio do caminho, fato que requer medidas especiais de implosão dessas rochas. Essa é uma operação de altíssimo risco e somente deve ser executada por profissionais altamente especializados e afeitos ao manuseio de explosivos. O uso de dinamite ou outros explosivos precisa ter autorização expressa do Exército brasileiro, exigindo-se treinamento altamente especializado. O técnico de Segurança deve previamente certificar-se dessas exigências, sob o risco de provocar verdadeira catástrofe.

VIBRAÇÕES

Há certas máquinas, principalmente os marteletes pneumáticos (britadeiras), que causam, além do ruído, vibrações intensas no operador que lida com elas.

As britadeiras são diretamente responsáveis por doenças ocupacionais, causando, além do ruído a que o operador está exposto, lesões orteoarticulares, que, com o passar dos anos, levam o trabalhador a sofrer afecções musculares, lesões permanentes nos ossos e articulações, danos aos tendões (tendinites) e até mesmo afecções nos vasos sanguíneos periféricos e nevralgias crônicas. Além das britadeiras, vibrações podem ocorrer mediante o manuseio de motosserras e trabalho contínuo com instrumentos pneumáticos.

Há casos relatados de lesões orteoarticulares adquiridas por motoristas de tratores, escavadeiras e caminhões pesados, cujo sacolejar contínuo leva ao aparecimento de doenças relativas às articulações.

Podem também ocorrer vibrações por meio de máquinas fixas, requerendo, nesses casos, medidas de proteção coletiva, tais como o isolamento da máquina.

RADIAÇÕES IONIZANTES

Em princípio, vários autores têm definido como ionizantes as radiações eletromagnéticas capazes de produzir íons ao interagirem com átomos e moléculas. Por suas características podem ser extremamente perigosas.

Na Construção Civil são raros os casos em que o trabalhador tenha de manipular substâncias capazes de formar íons, mas são relativamente frequentes trabalhos junto a clínicas e hospitais onde haja aparelhos de raio X, tomógrafos ou outros equipamentos emissores de raios gama, partículas beta, nêutrons e outros com elevada energia.

Nesses casos, a manipulação dos agentes emissores desses tipos de radiações deve ser feita por pessoal especializado, munido de roupas especiais.

Geralmente trabalhos desse tipo requerem roupas à prova dos mais variados tipos de radiação, mas o trabalho do técnico ou do engenheiro de Segurança da empresa da Construção Civil deve avaliar previamente qual o tipo de material a ser manuseado, para só então recomendar e autorizar a realização do serviço.

RADIAÇÕES NÃO IONIZANTES

Diferentemente das radiações ionizantes, as não ionizantes são abundantes tanto na Natureza em si, como em ambientes de trabalho.

São dois os tipos de radiações não ionizantes:

a) Radiações ultravioleta

b) Radiações infravermelho

Ambas podem ser naturais ou artificiais. O melhor exemplo de radiação não ionizante natural provém da luz do Sol.

Para trabalhadores que laboram a maior parte do tempo em atividades externas, faz-se necessário protegê-los das radiações ultravioleta emitidas pelo Sol, para evitar o surgimento de queimaduras solares de pele (que podem evoluir para outras doenças) e insolação. Esta singela figura mostra a importância de se usar óculos escuros quando se trabalha por várias horas exposto à luz do Sol.

Radiações artificiais, que também podem trazer problemas ao trabalhador, são, por exemplo, as radiações emitidas por fornos micro-ondas, *lasers* e outros tipos de emissão de radiações que, dependendo de sua intensidade e tempo de exposição, podem causar queimaduras danosas.

FULGURAÇÕES

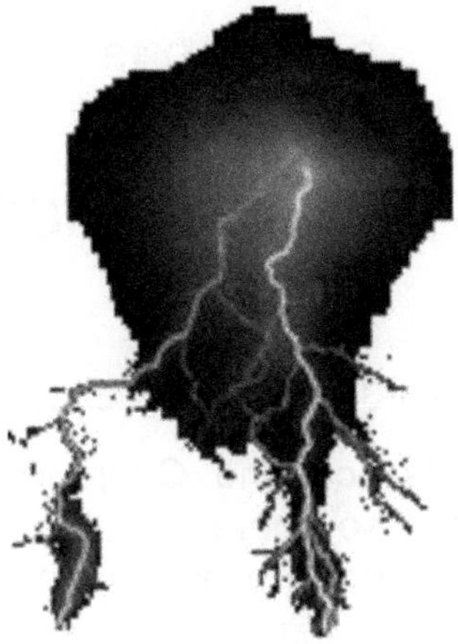

O Brasil é, dentre todos os países do nosso planeta, o que recebe mais raios por ano. Esse fenômeno deve-se a vários fatores: nossa vasta extensão territorial, nossa localização geográfica entre o Equador e o trópico de Capricórnio e, por fim, a grande diferença sazonal entre o sul e o norte, entre o nordeste e o sudeste, bem como entre o leste e o oeste. Isso significa que, enquanto em uma região perdura clima tórrido e seco, em outra pode estar ocorrendo ao mesmo tempo tempestades acompanhadas de relâmpagos e inundações. Na Construção Civil podem ocorrer tempestades com raios, dependendo do tipo de serviço que estiver sendo feito. Se for serviço externo, é necessário abrigar os operadores.

Treine e ensine a todos que, durante uma tempestade, o pior lugar para se abrigar é sob uma árvore ou superfície descampada. Muitos acidentes por fulguração ocorrem em razão dessas circunstâncias: descampado, praias, sob árvores, terrenos altos etc. Tenha em mente que o relâmpago procura sempre o local mais fácil para atingir a terra e, se nesse local estiver um trabalhador, na certa ele poderá ser atingido pela descarga elétrica.

CAPÍTULO 16

TRABALHOS EM ESPAÇOS CONFINADOS

O tema está previsto na NR-33 e é bastante técnico e extenso.

Segundo a Profa. Paula Scardino, Coordenadora Nacional da ABNT e autora de trabalho primoroso sobre trabalhos em espaços confinados (disponível na internet), a entrada e permanência nesses locais envolve vários fatores.

- O que é espaço confinado? Um elevador? Um tanque fixo? Um *container*? Um depósito de materiais? Um silo de armazenagem? Um tanque? Uma caixa subterrânea? Um tanque para transporte de combustíveis?

Sim! Tudo isso pode ser espaço confinado, além de outras circunstâncias em que haja apenas uma entrada e nenhuma saída ou mesmo saídas limitadas.

Esse é o ponto em que a professora Paula define como espaço confinado: o que não está destinado ao uso ou ocupação contínua ou que não possua uma ou mais das características de risco: atmosfera com menos de 19,5% de oxigênio ou excesso de mais de 22%, podendo causar asfixia, claustrofobia, medo ou insegurança de tal forma que possa causar acidentes por agentes contaminantes ou até mesmo por falta de oxigênio, se a atmosfera do local possuir deficiência de menos que 19,5% de oxigênio.

Esses espaços não estão destinados à ocupação contínua. A entrada nessas áreas, portanto, deve ser apenas eventual e com certos cuidados essenciais, para não expor os trabalhadores a graves riscos ou comprometimento de sua saúde.

Suponha que um operador tenha de fazer reparos em um tanque aberto que tenha sido utilizado para armazenar algum combustível. Esse tanque pode ser considerado como espaço confinado e, portanto, tem riscos potenciais, principalmente se nele estiverem contidos materiais inflamáveis. Geralmente esses tanques possuem resíduos gasosos inflamáveis ou tóxicos. Antes de enviarmos alguém para fazer algum tipo de reparo ou limpeza nesses tanques, precisamos examinar quais os resíduos tóxicos ou inflamáveis que ali ainda persistem. Um método antigo, porém eficaz, é encher o tanque de água para expelir os resíduos tóxicos ou inflamáveis ali contidos, com o cuidado, entretanto, de não tornar a atmosfera perigosa ou insalubre pelo escape do gás. Não se pode eliminar um risco de acidente simplesmente originando outro!

Muitos acidentes têm sido relatados quando soldadores, ao tentarem eliminar um pequeno vazamento em um tanque de combustível, simplesmente acendem seu maçarico e – bum! – tudo vai pelos ares. Claro, ali dentro do tanque havia gases inflamáveis em concentração suficiente para entrar em combustão, principalmente em ambiente confinado, à menor chama de maçarico ou até mesmo de um fósforo ou isqueiro.

Treine! Treine! Ensine!

Tantas vezes quanto necessário, mas jamais permita que alguém acenda um fósforo em qualquer ambiente confinado, qualquer que seja ele, pois jamais se saberá o que ali contém, pelo menos até a explosão...

A Universidade Aberta Santos Dumont, por sua vez, classifica as operações em espaços confinados como extremamente perigosas, principalmente quando se trata de operações de solda em tanques que já contiveram líquidos inflamáveis.

São perigosas as operações:

- Entrada em tanques ou *containers*
- Deve-se ter permissão de entrada por alguém responsável; esse “alguém” terá de assumir total responsabilidade sobre o que possa ocorrer
- Os envolvidos deverão passar por treinamento específico
- Antes de entrar, medir a concentração de oxigênio ou presença ou ausência de traços de explosivos ou gases tóxicos e sua concentração
- Determinar as necessidades de ventilação e escolher os Equipamentos de Proteção Individual adequados

Aí estão, portanto, relacionadas várias opiniões conceituadas sobre trabalhos em espaços confinados. Imagine você, então, quão arriscado é o trabalho em escavações, perfurações de trilhos do metrô, trabalho em mineração subterrânea ou até mesmo o trabalho ao ar livre em um tanque de combustível que ainda apresente resíduos gasosos e inflamáveis que o tanque conteve.

Jamais arrisque! Trabalhar em espaços confinados pode trazer surpresas desconhecidas. Tome todas as precauções possíveis, mesmo as que pareçam exageradas, e nunca permita a um trabalhador inexperiente ou desconhecedor dos riscos entrar em qualquer que seja o espaço confinado para fazer algum serviço.

Se você tem esse tipo de risco em sua empresa, sugiro entrar em contato com a Profa. Paula Scardino, que dispõe de excelente programa de treinamento sobre trabalho em espaços confinados e poderá realizar uma apresentação sobre o tema em sua empresa. Temos sua autorização para divulgar seu e-mail: <paula@paulascardino.com.br>

CAPÍTULO 17

RISCOS ERGONÔMICOS

A palavra "ergon" provém do grego e significa "músculo", ou musculatura, ou capacidade muscular para executar um trabalho. Tem sido aplicada, em sua forma mais completa, Ergonomia, como a ciência que estuda os efeitos do trabalho sobre a saúde dos trabalhadores.

Na Construção Civil encontramos inúmeras situações que comprometem a estrutura óssea ou muscular dos trabalhadores: posições de trabalho, trabalho, trabalhos repetitivos e cansativos etc.

É sabido que certas operações podem levar à ocorrência de lesões musculares ou articulares. Na Construção Civil um trabalho que requeira mudança diversa de posições, do tipo agacha-levanta, agacha-levanta etc., repetidas vezes, pode levar ao *stress* físico e à aquisição de doenças como lombalgias, distensões musculares e fadiga muscular.

Posturas incorretas de trabalho, assim como trabalhos intensivos podem também ser causas de doenças ligadas aos diversos fatores relacionados à ergonomia e às melhores e mais adequadas formas de executar o trabalho.

Esforços exagerados também são causadores de doenças ocupacionais, levando, muitas vezes, o trabalhador a afastamentos do trabalho.

Se o material for por demais pesado ou estiver além de suas forças, utilize carrinhos, carriolas ou até mesmo peça o auxílio de algum companheiro de trabalho.

Na Construção Civil é muito comum encontrarmos trabalhadores carregando ou descarregando sacos de cimento de 50 kg por longos períodos. A CLT proíbe isso: em seu art. 390, limita em 20 kg o serviço a ser feito por mulheres e em 25 kg o feito por homens, para trabalhos contínuos. Essas circunstâncias, bem como vários aspectos relativos ao transporte, movimentação e armazenagem de materiais, são objeto de regulamentação pela NR-11, mas a regra básica ao manusear materiais pesados é simples: se você não puder fazê-lo sozinho, peça ajuda a um colega.

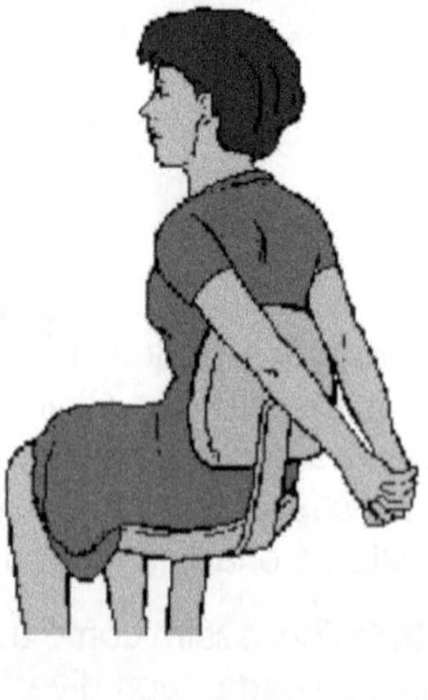

Nos escritórios, onde o trabalho de digitação perdura por várias horas, tome algum tempo, 10 min pelo menos, para descansar e quebrar a rotina. Relaxe seus músculos. Isso vale para todo trabalhador da Construção Civil, não apenas para digitadores.

Normalmente os riscos de natureza ergonômica decorrem de posições erradas ou forçadas de trabalho, afetando, principalmente, a coluna vertebral, punhos e mãos.

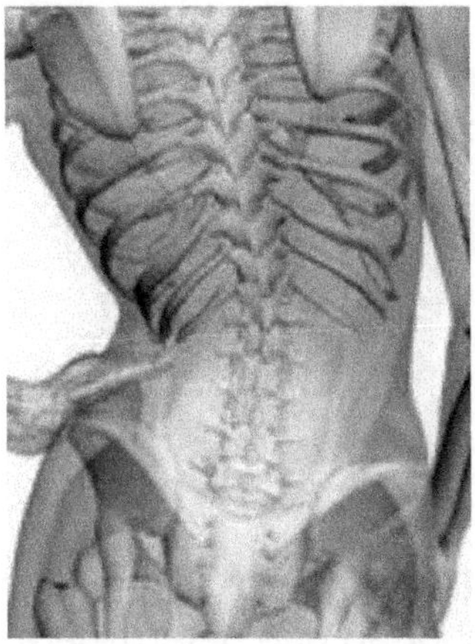

A coluna vertebral é composta de sucessivas vértebras intercaladas por uma espécie de "amortecedor", o que leva a suportar pesos e movimentações, até mesmo bruscas. Com o passar dos anos, todavia, a coluna vai se enrijecendo, podendo levar a lesões de difícil cura e, por conseguinte, dificultando a locomoção e a execução de trabalhos por parte de quem sofre desse tipo de problema. A principal causa é o posicionamento errado e contínuo do operador, mas podem surgir lesões imediatamente após o trabalhador exercer algum tipo de esforço ou adotar posição de trabalho errada.

A seguir, vamos mostrar alguns exemplos de posições erradas na execução do trabalho, posições essas que devem ser evitadas e para as quais deve haver orientação da parte do técnico de Segurança que, por sua vez, deve manter-se atento à forma como o pessoal exerce seu trabalho.

Esta posição de trabalho é errada. Todo o esforço decorrente de levantar o peso recai sobre a coluna vertebral, que pode sofrer danos às vezes irreversíveis.

O correto, ao erguer pesos, é concentrar o maior esforço sobre as pernas, nunca sobre a coluna vertebral.

Outra recomendação importante: se o peso for excessivo e superior às suas forças, bem como superior ao que determina a Lei para carregamento de pesos de forma contínua, recorra ao auxílio de carrinhos transportadores ou outros meios mecanizados de transporte. Nunca faça esforços que estejam além das suas forças. Embora essa situação seja muito comum na Construção Civil, deve ser evitada a todo custo, cabendo ao técnico de Segurança do Trabalho manter-se atento às situações de movimentação de materiais e carregamento de pesos.

CAPÍTULO 18

MÁQUINAS OPERATRIZES

Inúmeras máquinas operatrizes são utilizadas na indústria da Construção Civil para as mais diversas finalidades.

Em grandes obras, tais como construção de adutoras, hidrelétricas ou pontes e viadutos, serviços de carpintaria (principalmente) são necessários para prover escoras, anteparos e outros meios de contenção de encostas ou de suporte a concretagens. Como são inúmeras as máquinas operatrizes utilizadas nesse tipo de trabalho, vamos ater-nos às principais causadoras de acidentes, desde que mal operadas ou desprovidas das proteções contra acidentes necessárias: furadeiras, serras elétricas e tornos, embora a NR-12 estabeleça regras para disciplinar o uso de máquinas e equipamentos em geral, tais como prensas, motosserras, além de equipamentos de grandes dimensões. Em todas as máquinas operatrizes é obrigatório usar óculos de segurança.

A NR-12 é extremamente criteriosa quanto a partes móveis das máquinas, seu distanciamento de corredores e vias de circulação, dispositivos de acionamento e paradas de emergência, proteções especiais nas partes móveis das máquinas e dispositivos de proteção em máquinas de movimentos repetitivos.

FURADEIRAS PORTÁTEIS

Há dois tipos comumente usados:

As furadeiras portáteis, permitem ao operador locomover-se de um local a outro para executar seu trabalho. Geralmente são furadeiras de impacto, requerendo certos cuidados no seu manuseio.

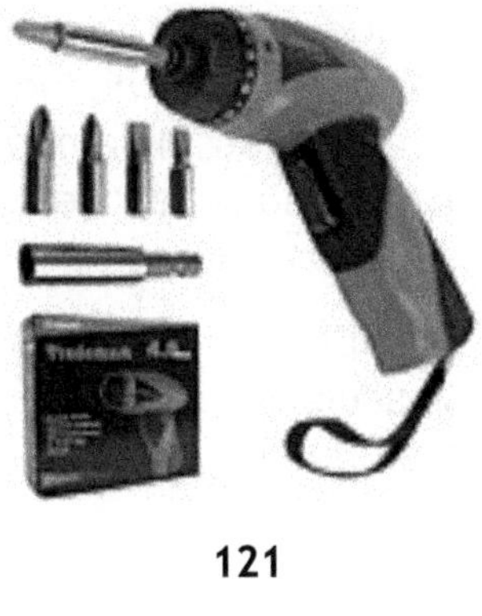

As furadeiras portáteis necessitam de dois cuidados essenciais: brocas adequadas e afiadas, além de bocal para o mandril em ótimas condições, para evitar que as brocas deslizem ou, pior, quebrem. Esses casos são mais raros, mas podem ocorrer quando se estiver manipulando brocas finas em serviços de precisão.

Outro tipo de "furadeira" são as de tiro, que servem para afixar rebites ou peças especiais em lajes de concreto. Seu uso deve ser cuidadosamente planejado, para que se possa evitar erros na manipulação desse equipamento.

FURADEIRAS FIXAS

As furadeiras e serras de fita fixas apresentam algum risco de acidentes durante sua operação. As principais recomendações que se faz ao se usar esses equipamentos são duas:

1. Jamais usar luvas, pois elas podem encostar na broca em movimento, causando torção nas mãos e braços do operador;

2. Jamais usar roupas de manga comprida, pelos mesmos motivos mencionados acima.

SERRA ELÉTRICA

As serras elétricas fixas, que operam sobre mesa, usadas para cortes em madeira, são, por assim dizer, o "terror" de todo técnico de Segurança do Trabalho. São equipamentos cortantes, diríamos extremamente cortantes, causadores de acidentes com lesões terríveis, tais como dilacerações, amputações etc.

Jamais devem ser operadas por trabalhadores inexperientes. Como giram em altas rotações, qualquer descuido ou má postura pode acarretar acidentes gravíssimos. Além dessa recomendação básica, as serras circulares devem possuir proteção articulada especial, cobrindo a lâmina de forma a evitar o contato acidental das mãos do operador contra o disco em movimento.

Uma recomendação básica é que o operador, ao afastar-se da máquina por qualquer razão, jamais deve deixá-la ligada, em movimento. Se tiver de fazer outro serviço, mesmo que por instantes, desligue a máquina.

A troca do disco de serra por outro maior ou menor, ou por disco desempenador, deve ocorrer com a máquina desligada e travada, para evitar que alguém possa acioná-la inadvertidamente enquanto o serviço de troca ou reparo esteja sendo feito.

MOTOSSERRA

O uso de motosserras pode ser necessário quando a obra requerer operações de desmatamento, mas é importante lembrar que a NR-12, em seu anexo I, estabelece inúmeras condições quanto à aquisição, dispositivos de segurança, ruídos e vibrações e, principalmente, treinamento do operador. A responsabilidade pelo treinamento começa já com o revendedor da máquina, o qual deverá disponibilizar, além do treinamento prático, material didático sobre a utilização segura do equipamento.

Rotulagem de advertência sobre os riscos de operação da máquina também está prevista na Norma Regulamentadora.

Os principais equipamentos de proteção individual dos operadores são calçados de segurança, calças providas de intertelas que possam travar a corrente da máquina em caso de contato acidental com as pernas, além de luvas de raspa e mangotes.

MISTURADORES

Na Construção Civil há um amplo uso de misturadores de concreto, em que são realizadas operações de mixagem, que substituem a mistura manual de cimento, areia e brita.

Por serem máquinas rotativas, os misturadores possuem engrenagens, correias transmissoras, caixas de comando elétrico, basculantes e outros dispositivos móveis.

Não permita que qualquer pessoa opere os misturadores, nem mesmo fique nas proximidades dele durante sua operação.

Engrenagens e partes móveis devem ser dotadas de proteções, de forma a evitar que alguém possa inadvertidamente colocar mãos ou braços entre elas. Isso muitas vezes ocorre por causa da pressa em executar a operação, aproveitando o estado pastoso da mistura.

TORNOS MECÂNICOS

Os tornos mecânicos são os mais utilizados na Construção Civil. Tornos automáticos geralmente são usados em indústrias metalúrgicas com produção em linha. Esse fato requer operadores muito bem treinados e habituados a lidar com tornos mecânicos. Isso significa que, ao admitir um torneiro, deve-se levar em conta sua experiência anterior com tornos mecânicos, em que a "mão" do operador conta mais que sua experiência com máquinas automáticas.

Tornos são máquinas relativamente seguras, desde que alguns cuidados sejam levados em conta. Tendo em vista que os tornos modernos possuem diversos comandos, é absolutamente necessário que o torneiro esteja muito bem treinado para operá-los. Não se admitem erros na operação de um torno mecânico, sob o risco de perder o trabalho realizado ou sofrer acidentes.

EPI obrigatório ao operar um torno mecânico: óculos de segurança, pois, durante a operação, cavacos e estilhaços podem ser lançados contra o operador. Tendo em vista que, na indústria da Construção Civil, os tornos são mais utilizados em operações de carpintaria ou na moldagem de peças que serão utilizadas em algum processo da obra, é muito importante que o operador se atente para as medidas e dimensões da peça que está sendo torneada, interrompendo, se for o caso, a própria operação para tirar medidas da peça. Nesse momento é importante que a máquina esteja totalmente desligada e travada contra acionamento acidental.

CAPÍTULO 19

SINALIZAÇÕES, AVISOS E PROIBIÇÕES

Na Construção Civil há inúmeras situações que requerem sinalização (atenção, perigo etc.), avisos e proibições diversas, com o único intuito de prevenir acidentes e também orientar pessoas desatentas quanto a determinadas situações de perigo.

Além das sinalizações, sobre as quais falaremos a seguir, é necessário atinar para situações que requerem isolamento.

TAPUMES

Certas operações precisam ser isoladas com tapumes ou biombos. No caso de grandes edifícios, é necessário ainda recobrir todo o prédio com redes protetoras, para evitar que estilhaços ou pedaços de material sendo utilizado na obra possam cair sobre pessoas no trabalho, transeuntes, veículos ou quaisquer outras pessoas não envolvidas com o trabalho.

INDICAÇÕES DE DIREÇÃO OU SENTIDO

Em determinadas situações pode haver a necessidade de interditar certos lugares, principalmente estradas, onde estejam sendo feitos trabalhos que não podem ser interrompidos, como remoção de terra, por exemplo. Nesses casos, haverá a necessidade de desviar o sentido de direção das pessoas e veículos, proibindo o acesso ao local interditado. O risco maior ocorre quando essas indicações precisam ser feitas à noite, requerendo, portanto, sinais luminosos.

Esta figura demonstra bem o que explicamos acima: repare que há um grande guindaste trabalhando na colocação ou retirada de objetos grandes e a área está interditada.

É dever do técnico de Segurança do Trabalho providenciar todos os recursos para que essa interdição seja feita. Neste caso ocorre a proibição de movimentação de pessoas no local. Casos como este são muito comuns em grandes obras, nas quais grandes máquinas ou equipamentos são utilizados.

Outro tipo de placa sinalizadora é “Homens Trabalhando”, a qual deve ser afixada a pelo menos 50 m de alguma obra que esteja sendo realizada.

É muito usada em estradas, principalmente quando estão sendo feitos reparos diversos.

Pode ser utilizada com cones de aviso, principalmente quando se necessita desviar o trânsito de veículos ou pedestres.

Os cones precisam estar distanciados uns dos outros em espaço suficiente para que motoristas ou transeuntes que estejam se movimentando pelo local possam visualizá-los com antecedência suficiente para que possam desviar-se do local em obras. O técnico de Segurança do Trabalho deve acompanhar a colocação e a retirada dos cones e avisos tão logo os serviços estejam terminados.

AVISOS PROIBITIVOS

Há certas condições de extremo risco ou perigo que precisam ser sinalizadas de forma a garantir que certas condições ou práticas não sejam realizadas, tais como a proibição de fumar em locais onde haja risco de incêndios. Só para exemplificar: nas refinarias da Petrobras, é dada preferência, na admissão, a não fumantes. Porém, essa prática pode ser considerada cerceatória contra os fumantes; por isso, eles são compelidos, logo na entrada da refinaria, a deixar cigarros, fósforos e isqueiros guardados em local especial.

Nos laboratórios, principalmente, ou em outros locais onde sejam armazenados produtos perigosos, estes devem ser identificados pelo nome e possuir advertência quanto ao seu manuseio. Esses produtos somente podem ser manipulados por pessoas devidamente autorizadas e treinadas.

Em situações extremas, em que a entrada no local é absolutamente proibida, deve ser afixada a placa de “Perigo”, seguida das recomendações necessárias. Essas placas geralmente são afixadas junto à entrada desses locais, principalmente onde haja produtos químicos, como demonstrado acima, subestações de força ou determinados locais onde não seja recomendado o acesso de pessoas não autorizadas. Essas placas são indicativos de alto risco.

CAPÍTULO 20

TRABALHOS EM ESCAVAÇÕES E DEMOLIÇÕES

ESCAVAÇÕES

Esse é um tema que interessa sobretudo às indústrias de Construção Civil em que sejam necessários trabalhos de escavações ou trabalhos de instalação de tubos de esgoto, suprimento de outros insumos (água, gás, combustíveis etc.), valões e outros trabalhos que requeiram aprofundamento de terreno.

• Escavações são uma das atividades incluídas na NR-18, a qual regulamenta as condições e meio ambiente de trabalho na indústria da Construção Civil;

• Dentre as determinações da NR-18 sobre escavações, estão incluídas as seguintes, além da elaboração do PCMAT – Programa de Condições e Meio Ambiente de Trabalho na Indústria da Construção (item 18.3 da NR):

1. Os serviços de escavação, fundação e desmonte de rochas devem ter um responsável técnico, legalmente habilitado

2. O projeto e a execução das obras devem obedecer às condições estabelecidas na NBR 9.061/85, da ABNT

3. Os taludes com profundidade superior a 1,25 m devem ter sua estabilidade garantida por meio de estruturas dimensionadas para esse fim

4. Os materiais retirados da escavação devem ser depositados a uma distância superior à metade da profundidade, a contar da borda do talude

Essas determinações, por si sós, já definem o tipo de treinamento que deve ser aplicado ao pessoal envolvido em trabalhos de escavação. Muitos acidentes têm ocorrido nesse tipo de trabalho, principalmente por causa do principal risco dele decorrente: desmoronamentos, causando sufocações ou esmagamento dos trabalhadores que estejam atuando nesse tipo de atividade.

O que fazer para evitar desmoronamentos enquanto trabalhadores estão atuando abaixo do nível do solo? Estaqueamento das paredes do solo? Evitar que deslizamentos possam ocorrer por infiltrações de água no solo? Proteção lateral ou escoras seguras para evitar deslizamentos?

São muitas as alternativas, mas o mais importante de tudo é que os trabalhadores que estejam a dois ou três metros abaixo do solo, em uma vala, possam sentir-se seguros de que nenhuma das paredes da escavação desabará sobre eles. Essa é a regra principal, pois o maior risco em escavações é justamente esse: desmoronamentos.

Quem vai trabalhar em atividades de escavação deve ter um tipo especial de treinamento, envolvendo não só as medidas preventivas para evitar desmoronamentos (escoras, taludes etc.), como também as medidas de resgate e salvamento de trabalhadores que venham a sofrer esse tipo de acidente.

O socorro imediato de vítimas de soterramento é absolutamente essencial, pois quanto mais tempo a vítima permanecer sob os escombros, menores serão as chances de encontrá-la com vida. Por essa razão, ao planejar trabalhos de escavação, devem também ser previstos os meios de socorro.

DEMOLIÇÕES

Assim como as escavações, as demolições são também um fator de alto risco na indústria da Construção Civil.

Demolições passaram a ter um papel preponderante na atualidade, em que a expansão das cidades, principalmente as grandes capitais, passou a requerer espaços maiores, tomando o lugar de antigas construções para dar lugar a altos e modernos edifícios.

Atualmente, sob o ponto de vista econômico, implodir edificações antigas para substituí-las por outras mais modernas. Há, entretanto, casos em que as demolições necessitem ser feitas manualmente, empregando grande quantidade de mão de obra.

Imaginem os riscos que estes dois trabalhadores estão correndo na tarefa de demolir manualmente, com picaretas e enxadão, essa edificação.

Vejam que nenhum deles dispõe de qualquer tipo de proteção: armações contra quedas, proteção da edificação contra queda de material e, inviável neste caso, o uso de EPI: onde, afinal, afixar qualquer tipo de cabo, ou rede protetora, ou anteparo para evitar que os trabalhadores sofram algum tipo de acidente?

No caso, é muito provável que eles estejam expostos ao risco de queda, já que não há nenhum dispositivo de proteção. Literalmente, eles estão expostos à própria sorte e isso é inadmissível em qualquer trabalho que preze a saúde e integridade física dos trabalhadores. Com absoluta certeza, se a fiscalização do trabalho constatar esse tipo de exposição ao risco, autuará a empresa responsável por esse trabalho.

IMPLOSÕES

Implosão é uma técnica de *demolição* que utiliza *explosivos* para se destruir uma construção de forma rápida e controlada.

Uma implosão pode ser considerada como uma explosão controlada, pois a quantidade de explosivos utilizada é feita dentro de estritos procedimentos de *Engenharia* que asseguram um caráter não catastrófico ao evento e garantem que ele seja controlado por meio de disparos cronometrados e localizados em pontos específicos da estrutura da *construção*, a fim de enfraquecê-la e permitir que a *gravidade* se encarregue de causar a queda do edifício.

A implosão, para ser realizada, deve seguir normas rígidas de segurança a fim de garantir que o objetivo de demolição seja alcançado sem causar efeitos secundários indesejados, tais como riscos à vida e ao patrimônio, uma vez que, geralmente, os *edifícios* a serem implodidos se encontram inseridos em um contexto urbano adensado.

IMPORTANTE!

Geralmente uma implosão atrai um grande número de pessoas para "apreciá-la", o que pode ser perigoso caso algum resíduo possa atingir alguém. Outro ponto muito importante é que a implosão não deve ser confiada a empresas não especializadas no assunto. A empresa de Construção Civil deve certificar-se de que a empresa contratada para realizar a implosão possui todos os alvarás e licenças necessários para realizar esse tipo de serviço, pois, como já afirmamos anteriormente, o manuseio e operação com explosivos dependem de autorizações diversas, inclusive do Exército.

Após a implosão, segue-se uma fase de retirada do entulho gerado ou, mais raramente, de um desmonte tradicional com equipamentos de demolição tradicionais, quando a implosão não foi totalmente bem-sucedida, ou foi planejada para ser apenas parcial. Geralmente as implosões são calculadas para que a estrutura a ser implodida venha a convergir para o seu centro, mas também podem ser realizadas implosões em que a estrutura tombe para um lado, desde que as condições do entorno assim permitam.

A equipe de segurança — técnicos, engenheiros e médicos de Segurança do Trabalho — deverá estar pronta. Aos técnicos de Segurança compete assegurar que os trabalhos de implosão sejam precedidos de todas as cautelas possíveis. Aos engenheiros de Segurança fica atribuída a parte técnica dos trabalhos, junto à equipe encarregada da implosão, e aos médicos compete prestar socorro a eventuais vítimas.

Resumindo: se sua empresa precisa fazer algum trabalho que envolva implosão, seja de edificações, rochas ou até mesmo de algum obstáculo que precise ser removido para dar seguimento à obra, certifique-se com sua Diretoria de que a empresa a ser contratada possua todas as credenciais necessárias e, além de tudo, que você, engenheiro e/ou técnico de Segurança, esteja seguro quanto ao trabalho a ser realizado, em todos os seus detalhes. Repito: em todos os seus detalhes!

Não seja corresponsável se algo der errado na implosão, pois, por melhor que tenha sido planejada, algo imprevisível pode ocorrer. Isso afetaria indelevelmente a reputação de sua empresa.

CAPÍTULO 21

ANDAIMES

O QUE É UM ANDAIME?

Uma plataforma temporária, elevada, para trabalhos em alturas.

Basicamente há três tipos:

- Andaimes sustentados – são plataformas rigidamente fixadas, podendo suportar várias pessoas. Geralmente suportam materiais trazidos e levados. Os andaimes são rígidos e firmes, bem presos.
- Andaimes suspensos – são plataformas suspensas por cordas ou cabos, não rígidos, presos em geral em pontos elevados.
- Elevadores (ou Balancins) – geralmente sustentados por caminhões especiais.

O trabalho em andaimes envolve diversos riscos, considerando-se que são plataformas elevadas, muitas delas a alturas consideráveis.

Os principais riscos para quem está trabalhando em um andaime:

• Quedas – causadas por escorregões, acesso inseguro e falta de proteção contra quedas.

• Golpes e pancadas – por queda de objetos, ferramentas, entulho etc.

• Eletrocução – por contato com linhas ou fios energizados aéreos.

• Colapso do andaime – em geral causado por instabilidade ou sobrecarga, o que vem a ser o tipo mais comum de acidentes com andaimes.

Esta figura mostra um andaime em colapso, ou seja, suas tábuas de suporte se romperam e o operador, inevitavelmente, sofrerá uma queda.

Dependendo da altura em que o andaime estiver armado, a queda poderá ser fatal, até mesmo porque nenhum tipo de EPI está sendo usado pelo operador.

Haverá, portanto, uma queda livre. Num caso semelhante, duas causas podem ter contribuído para o acidente:

1. As tábuas do andaime já estavam deterioradas, ou pelo uso contínuo, ou por sua qualidade inferior ou ainda por má colocação e arrumação das tábuas do próprio andaime;

2. Além das escoras laterais que protegiam o operador contra quedas, ele não fazia uso de nenhum tipo de EPI, como cinturões de segurança ou amarrações.

Quedas de andaimes são relativamente frequentes entre operadores da Construção Civil. Podem ocorrer em razão de vários fatores:

- Quando subindo ou descendo do andaime;
- Trabalhando em andaimes sem guarda-corpo;
- Quando o guarda-corpo ou as pranchas quebram ou se soltam, como no caso da figura acima.

LEMBRE-SE:

Trabalhar em um andaime envolve muitos riscos, principalmente de quedas da pessoa ou de ela causar queda de objetos utilizados na construção sobre as pessoas que estejam embaixo, ou mesmo causar perda de materiais ou equipamentos por causa de quedas.

Sempre que houver andaimes sendo utilizados na obra, o técnico de Segurança do Trabalho deve estar atento para evitar que acidentes como os mencionados acima possam ocorrer.

RISCOS DE QUEDAS DE ANDAIMES

Quedas de andaimes podem ocorrer em diversas situações, mas as mais comuns se dão quando:

- Subindo ou descendo do andaime;
- Trabalhando em andaimes sem guarda-corpo;
- O guarda-corpo ou as pranchas quebram ou se soltam.

Quantas falhas de segurança você consegue perceber na figura ao lado?

1. Os dois trabalhadores não possuem nenhum tipo de guarda-corpo, recomendado para trabalhos acima de 2,5 m;

2. Não há escoras de segurança (guarda-corpo) ao lado do trabalhador que está à direita da figura;

3. Há um grande número de materiais acumulados abaixo do local onde se realiza o trabalho;

4. As tábuas do andaime são seguras? Estão em bom estado e convenientemente fixadas? Há pranchas soltas? O material das pranchas é de boa qualidade? Todos esses fatores precisam ser checados com antecedência, de forma a garantir um trabalho seguro nos andaimes;

5. O acesso ao andaime foi feito como? Por escadas ou simplesmente subindo pela da própria estrutura de sustentação do andaime?

6. Os entulhos e materiais diversos espalhados pelo chão poderão dificultar um eventual socorro no caso de queda acidental de um dos operadores?

7. Finalmente, o local está limpo e seguro para trabalhar nesse tipo de andaime?

GUARDA-CORPOS

Há vários tipos. Devem ser instalados ao longo e nas extremidades do andaime.

A distância mínima da proteção deve ser de 0,5 m do local de trabalho, a menos que se use o cinturão de segurança.

O topo do guarda-corpo deve ter 1,20 m de altura, no mínimo.

Os vãos entre o piso e o topo dos guarda-corpos devem ter de 50 a 60 cm.

Os rodapés, para evitar quedas de objetos ou ferramentas, devem ter 10 cm.

Todos os operadores que forem trabalhar em andaimes ou locais elevados devem ser muito bem treinados quanto aos riscos de queda e uso do EPI apropriado.

Os cinturões são dotados de alças, cintos presos a suspensórios e cabos, atrelados ao corpo.

Eventualmente pode ser usado EPI ao invés de guarda-corpos, desde que os cinturões sejam adequados e possam ser fixados em local seguro.

Para maior segurança, é preferível usar os dois: guarda-corpo e cinturão.

Use o cinturão tanto ao construir como ao demolir edificações, desde que esteja trabalhando a pelo menos três metros de altura. Há casos, entretanto, em que o operador precisa ter ampla mobilidade para executar seu trabalho. Em casos como este, usa-se o recurso de não prover anteparos laterais.

As extremidades e as laterais deste andaime não possuem guarda-corpo.

Neste caso, deve haver um sistema de fixação do operador, que estará trabalhando a uma altura considerável, de forma a protegê-lo em caso de eventual deslize que possa causar uma queda. É indispensável, em casos como este, o uso de cinturão de segurança com talabarte fixado em alguma parte suficientemente resistente para suportar o operador, ao mesmo tempo em que lhe dá a mobilidade necessária.

PROTEÇÃO CONTRA QUEDA DE OBJETOS

Muitos acidentes que ocorrem na indústria da Construção Civil são decorrentes de quedas de objetos.

Consequência: perde-se ou danifica-se o objeto, que pode ser alguma máquina ou instrumento de trabalho ou, mais grave ainda, esses objetos podem cair e ferir alguma pessoa que esteja transitando pelo local.

Há certas regras básicas para se evitar a queda de objetos que estejam sendo utilizados acima do nível do solo.

Observem bem a figura ao lado: dois trabalhadores executando serviços em uma parede, em local de elevada altura.

Veja que um deles usa capacete de segurança, mas o outro não. Quando se fala em queda de objetos, verifiquem quanto material há espalhado sobre a plataforma em que os dois trabalham: embora haja guarda-corpo, nenhum dos dois usa o cinturão de segurança. Dentre o material espalhado, há latas contendo material, mangueiras soltas e provavelmente muitos equipamentos usados no próprio trabalho.

Tudo a ponto de cair, ao menor esbarrão.

Regras fundamentais:

- Use capacete de segurança
- Barricadas na área abaixo da plataforma para evitar pessoas transitando pelo local
- Use avisos dizendo se algum material é estocado junto ao rodapé e pode cair
- E, principalmente, coloque telas de proteção abaixo da plataforma, para servir de anteparo a objetos que possam cair

Quem está lá embaixo pode não perceber que acima, bem acima de sua cabeça, há pessoas trabalhando e que objetos possam cair. Por isso, coloque avisos no solo indicando que há homens trabalhando acima.

LINHAS E FIOS ELÉTRICOS

É grande a possibilidade de eletrocução ou choques sérios quando se trabalha próximo a linhas elétricas aéreas.

É regra fundamental que se saiba exatamente onde passam fios ou linhas elétricas antes de iniciar qualquer trabalho em suas proximidades. Cabe ao técnico de Segurança do Trabalho inspecionar as imediações onde o trabalho se realizará e garantir que nada, nem pessoas ou materiais, encoste em fios elétricos.

Há inúmeros casos reportados pelas companhias de eletricidade mencionando acidentes causados por essa circunstância: contato com fios elétricos.

Vejam a foto acima. Uma obra está sendo erguida ao lado de fios elétricos.

Qualquer atitude menos precavida pode dar margem a acidentes terríveis. Basta um esbarrão num cabo energizado para termos alguém ferido ou morto por eletrocução.

O engenheiro e/ou o técnico de Segurança devem colocar nas suas regras de segurança uma distância mínima obrigatória para se trabalhar próximo a linhas elétricas.

CAPÍTULO 22

REGRAS DE ENGENHARIA PARA A CONSTRUÇÃO DE ANDAIMES

EXEMPLOS DE SUPORTE DE ANDAIMES

Todo andaime é assentado em alguma superfície, na qual se sustenta. Engenheiros de Segurança devem ser conhecedores das regras básicas para a construção de andaimes firmes e seguros.

A NR-18, em seus itens 18.15 e seguintes, dá algumas definições importantes sobre andaimes e responsabilidades cabíveis aos profissionais legalmente habilitados a observarem-nas.

As regras básicas são as seguintes, segundo a NR-18:

• Os andaimes devem ser construídos de forma a suportarem com segurança as cargas de trabalho a que estarão sujeitos;

• O piso dos andaimes deve ser antiderrapante e ter forração completa, bem como ser nivelado e fixado de modo seguro e resistente;

• A fixação do andaime no solo deve ser firme e segura.

Imaginem o suporte de um andaime ser posicionado em terreno fofo e lamacento, de forma a desequilibrar toda a sua estrutura.

A imagem acima reporta um suporte seguro, feito sobre base de concreto e ferro, com fixação forte e segura, sem risco de afundamento e desbalanceamento do andaime.

Seguindo:

- Devem ser tomadas precauções especiais quanto à montagem ou desmontagem dos andaimes nas proximidades de redes elétricas;
- A madeira para a confecção dos andaimes deve ser seca, de boa qualidade, sem apresentar nós e rachaduras;
- É proibida a utilização de aparas de madeira na confecção dos andaimes, bem como retirar qualquer dispositivo de segurança ou anular sua ação;
- Guarda-corpos são obrigatórios, bem como rodapés.

Na figura abaixo estão demonstrados dois exemplos negativos de suporte para os andaimes: sobre bases improvisadas de madeira, sem critérios técnicos que levem em conta o peso e as características dos andaimes.

A NR-18, em seu inciso 18.15.9, é exigente quanto ao acesso aos andaimes.

Cenas como esta jamais devem ser permitidas na obra que você está conduzindo.

Neste caso o operário está literalmente "trepando" no andaime por meio de sua tubulação.

Escadas seguras devem ser providas para que se evitem cenas como esta, em que o risco de escorregão e queda é iminente.

Reparem na cena ao lado. É uma foto tirada por ocasião da reforma da Estátua da Liberdade, em Nova Iorque, EUA.

A estátua está inteiramente recoberta por andaimes entrelaçados, os quais foram sendo agregados uns aos outros à medida que os trabalhos iam transcorrendo.

Reparem que os operários, lá no topo da estátua, eram transportados por helicóptero, pois seria impossível a eles subirem a uma altura extrema por escada ou, pior (e proibido), "escalar" as centenas de armações que compunham os andaimes necessários para a execução do trabalho. Reparem também que lá no topo há duas gruas, de forma a auxiliar os operários na movimentação e transporte de materiais.

Certamente, cá entre nós, é difícil imaginar cena semelhante, mas ainda recentemente tivemos a magnífica obra de restauração da estátua do Cristo Redentor no Rio de Janeiro, sem a ocorrência de um único acidente grave.

Por quê? Prevenção, certamente, antecedida por planejamento criterioso.

Esse é o ponto a que a NR-18 se refere quando menciona que "o dimensionamento dos andaimes, sua estrutura de sustentação e fixação, devem ser realizados por profissional legalmente habilitado".

Isso nos ensina, basicamente, que o projeto de andaimes ultrassofisticados deva ser confiado a quem entenda do assunto. Isso ocorre sempre que se ergue um edifício de dezenas de andares, em que os andaimes são vitais.

CAPÍTULO 23

PREVENÇÃO DE QUEDAS

Quedas, na Construção Civil, são uma das maiores causas de ferimentos ou até mesmo de mortes, dependendo da altura e da forma como a queda se dá.

Não são somente quedas de andaimes as principais formas de quedas. Elas podem ocorrer em situações de alturas baixas, mas, quase sempre, causam lesões.

Há três tipos de fatores que contribuem para as quedas:

1. Quedas do mesmo nível, quando o operário ou qualquer outra pessoa estiver transitando por piso que favoreça a queda;
2. Queda de alturas, quando alguém está acima do nível do solo em pelo menos dois metros, com consequências quase sempre mais graves;
3. Quedas de escadas comuns ou domésticas sem corrimão.

As quedas mais comuns, do mesmo nível, são aquelas ocorridas em pisos molhados ou esburacados. Não nos esqueçamos, também, das quedas de pessoas idosas em banheiros ou outros locais domésticos. Por essa razão, projetos de Engenharia Civil devem levar em conta esses fatores.

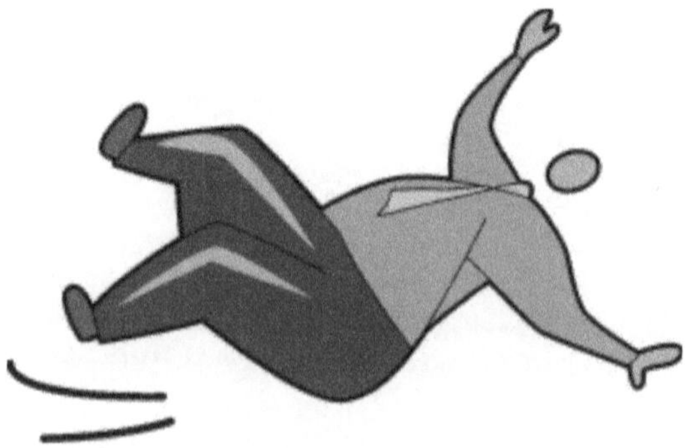

Quedas do mesmo nível geralmente se devem a pisos escorregadios, sem previsão de avisos ou outra forma de alertar os transeuntes.

Muitas dessas quedas não têm consequência física nenhuma, a não ser um simples escorregão. Porém, anualmente são relatados casos graves, principalmente aqueles em que a pessoa, ao cair, bate com a cabeça em algum objeto, sarjeta, móveis etc.

Se em sua obra há pisos molhados ou outra circunstância em que pessoas podem escorregar e cair, coloque aqueles avisos muito comuns: 'PISO ESCORREGADIO'; assim você estará alertando para aquela condição de insegurança.

CORRIMÃOS

Mesmo em obras civis, como mostrado na foto ao lado (onde a escada ainda não está terminada), é necessário dotá-la de corrimãos, pois é grande o número de pessoas que por ali transitam o tempo todo. Não permita que mesmo obras temporárias, principalmente onde pessoas tenham de subir e descer, não possuam os necessários corrimãos.

ESCADAS PORTÁTEIS

Em qualquer obra, pequena ou grande, escadas portáteis são usadas em profusão. Elas podem ser responsáveis por acidentes graves, se não estiverem dotadas dos mínimos princípios de segurança, que devem ser os cuidados com sua fixação, sua amarração e, principalmente, os limitadores de sua abertura.

Aqui vemos uma pequena escada portátil, de quatro degraus e, ao centro, o limitador a que nos referimos. Sem essa peça, importantíssima, a escada pode abrir-se e causar a queda do usuário. Assegure-se, portanto, de que todas as escadas portáteis de uso em sua empresa possuam esse dispositivo. Inspecione todas as escadas antes de colocá-las em uso.

ESCADAS FIXAS

A NR-18 determina que escadas fixas devem ser providas de guarda-corpos, sempre que sua altura for superior a 2,20 m. Note que esta é uma escada fixa, cuja distância do topo é certamente maior que os 2,20 m que a NR determina. Os guarda-corpos, em casos como este, provêm suporte ao operador em caso de queda.

ATITUDES PERIGOSAS

Em todo lugar, mas principalmente em obras civis, há a tentação dos trabalhadores em realizar o serviço o mais rápido possível, de forma a garantir tempo livre para outras tarefas ou mesmo para descanso.

Isso é um erro, principalmente se envolver riscos.

Ocorre, simplesmente, que a pressa pode "apressar" a ocorrência de acidentes, principalmente nos casos de trabalhos em alturas.

Você faria isto? Trabalhar em uma escada de encosto, provavelmente sem calço nos pés e sem suporte para encosto na parede?

O trabalho nessas condições requer uma inclinação de 45° em relação ao solo e a parede onde a escada será encostada. Todos os trabalhadores devem estar informados dessa condição, caso contrário estarão cometendo uma atitude insegura que pode levá-los a cair, conforme demonstrado neste desenho, em que aparece o trabalhador caindo de uma escada "quase em pé" em relação à sua base e ao seu encosto.

Eis outro exemplo, infelizmente muito comum, de atitude de risco praticada por muitos trabalhadores no seu dia a dia. Neste caso, ao apanhar algo dentro do edifício ou dar acabamento em alguma parte do prédio, o trabalhador expõe-se ao risco de queda, já que está com metade de seu corpo para fora da janela, expondo-se desnecessariamente ao risco de queda.

Eis aqui outro exemplo (coletivo) de atitudes inseguras: vários operários trabalhando na elaboração da laje de um edifício, sem que nenhum deles esteja protegido por cinturão de segurança afixado em um guarda-corpo inexistente, no caso. Há um atropelo geral de funções, muitas delas desencontradas e mal planejadas. É de se esperar que algum acidente ocorra por absoluto descontrole das ações e atitudes dos operários. A lição que se depreende dessa imagem é simplesmente planejar e organizar, cada qual com sua função claramente definida.

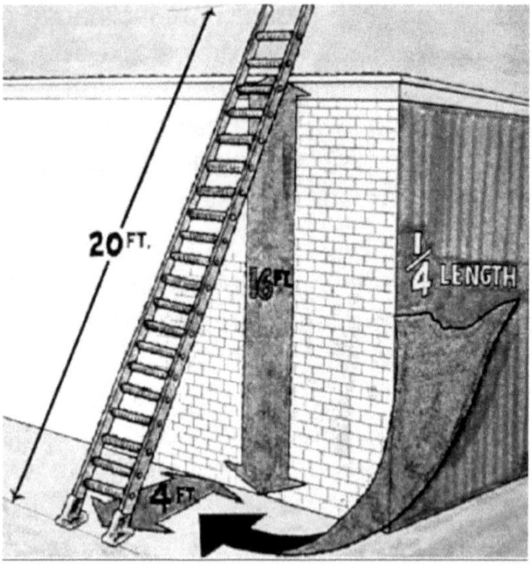

Observe sempre, como já consta desta publicação, que o ângulo certo para posicionar escadas móveis é sempre de 45° entre a base e o encosto da escada.

Isso significa que, se a escada estiver muito próxima do encosto da parede, pode facilmente cair para trás.

Por outro lado, se estiver muito afastada do encosto, pode formar uma "barriga" perigosa que diminuirá a resistência da escada quando alguém dela se utilizar.

Outro ponto muito importante a considerar são as aberturas no topo da construção, ou seja, no teto do edifício ou obra. Repare que há uma escada dando acesso ao topo da obra.

Nestes casos, devem ser providenciados guarda-corpos de tal forma planejados para que ninguém possa atingir o topo da obra sem encontrar, ali, nenhum tipo de proteção contra quedas.

CAPÍTULO 24

TRABALHOS EM ALTURAS

Um dos princípios básicos da indústria da Construção Civil é, simplesmente, trabalhar em alturas. Já abordamos o assunto nos Capítulos dedicados a "andaimes" e "prevenção de quedas"; entretanto, abrem alguns comentários sobre trabalhos que são exaustivamente executados em qualquer obra da Construção Civil, que, por sinal, são responsáveis por inúmeros acidentes.

O Governo publicou no final de março de 2012 a NR-35 – Trabalho em Alturas. Esta NR é extremamente oportuna, pois abrange uma das principais causas de lesões graves e mortes, que são as quedas. Nosso comentário é que a Norma abrange principalmente quedas de pessoas e não dedicando maior atenção a quedas de objetos atingindo pessoas que estejam em nível inferior. Esse cuidado deve ser observado pelos técnicos e engenheiros de Segurança.

A primeira regra a ser observada por alguém que vá trabalhar em alturas é que "esteja protegido contra quedas."

Esta figura mostra um trabalhador dirigindo-se para trabalhar em um local alto. Reparem que ele usa todos os equipamentos necessários:

- Cinturão de segurança com talabarte e trava-quedas;
- Capacete de segurança;
- Mochila com ferramentas;
- Calçado de segurança;
- Luvas apropriadas;
- Cabos de aço de suporte.

Todos esses equipamentos são absolutamente necessários sempre que alguém for trabalhar em alturas, principalmente acima de dois metros.

Vejamos agora outro exemplo que assusta: um trabalhador executando serviços em altura, sem qualquer tipo de proteção contra quedas. Basta um escorregão ou solavanco para termos uma ocorrência fatal.

As quedas, que podem ocorrer (e ocorrem) com frequência na Construção Civil são causa de mortes, lesões graves ou incapacidade para o trabalho, tanto é que o Ministério do Trabalho e Emprego decidiu editar essa Norma Regulamentadora. Embora a maioria dos acidentes envolvendo quedas ocorra geralmente na indústria da Construção Civil, observe que essa NR é aplicável a todo e qualquer trabalho feito acima do nível do solo, geralmente envolvendo eletricistas-instaladores, antenistas, reparadores de telhados, de torres de transmissão, etc.

CAPÍTULO 25

SERVIÇOS EM ELETRICIDADE

Passaremos a analisar, agora, um dos mais importantes aspectos da indústria da Construção Civil, que, inclusive, é objeto de rigorosas medidas: as instalações elétricas.

Antes, porém, de iniciarmos nossos comentários e sugestões sobre esse item da NR-18, cabe alguma análise sobre o que conhecemos por "eletricidade".

Descoberta no século XVII e aperfeiçoada por volta de 1845 e a seguir por inúmeras experiências visando sua aplicabilidade prática, a eletricidade mudou para sempre nosso estilo de vida, nossos meios de produção e, por volta de 1888, a eletricidade tornou-se um bem indispensável à vida "moderna" daqueles tempos, proporcionando riqueza e produção de bens em alta escala.

Que descoberta fantástica!

Hoje em dia não poderíamos viver sem a eletricidade, tanto para fins domésticos, quanto industriais, de transporte, de serviços e... na Construção Civil.

Toda obra tem conexões e fornecimento de eletricidade. Por essa razão, a NR-18 dedica vinte itens específicos sobre eletricidade, fixando critérios, atribuindo responsabilidades e determinando ações necessárias para prevenir acidentes envolvendo eletricidade e seus circuitos, entendidos estes como todos os acessórios e conexões utilizados nos ramais e desdobramentos elétricos que uma obra possui, seja essa obra uma simples residência doméstica, ou um edifício de vários andares ou mesmo grandes obras, de grande porte, como ferrovias, portos, subestações, hidrelétricas, grandes viadutos ou pontes etc.

Todos dependem de ligações elétricas, conexões e circuitos.

A NR-18, em seu item 21.1, inicia-se com a determinação de que "a execução e manutenção das instalações elétricas devem ser realizadas por trabalhador qualificado, e a supervisão por profissional legalmente habilitado".

Trabalhar com eletricidade, portanto, requer, além de habilidade para tal, autorização e supervisão específicas.

Antes de qualquer ação no sentido de efetuar algum trabalho envolvendo trabalhos com eletricidade, é preciso projetar todas as ações que deverão ocorrer.

A figura ao alto deste Capítulo demonstra claramente a disposição dos responsáveis técnicos em projetar o que será feito. Isso atende ao disposto na NR-18. É preciso, antes de tudo, ter um responsável técnico pelo projeto, devidamente habilitado para tal finalidade. Por analogia com a NR-10, que trata especificamente de Instalações e Serviços em Eletricidade, essa responsabilidade compete ao engenheiro de Segurança do Trabalho.

Antes, porém, de entrarmos nos detalhes técnicos do assunto, cabe esclarecer, sob o ponto de vista prevencionista — repito: exclusivamente sob o ponto de vista prevencionista —, alguns aspectos ligados à eletricidade.

Como a eletricidade funciona?

Basicamente a eletricidade é o fluxo de energia de um lugar para outro. A eletricidade requer uma fonte de energia (usualmente uma usina geradora) e o fluxo de elétrons (corrente) "viajando" através de um condutor.

Esse condutor pode ser um fio, um cabo ou, em casos extremos, o corpo humano, fechando um circuito.

Para efeito de melhor compreensão, os termos mais utilizados em Engenharia Elétrica são:

- **CORRENTE** — é o movimento da eletricidade, medido em ampères
- **CIRCUITO** — completa os "passos" da corrente. Inclui a fonte da eletricidade, seu ou seus condutores e a saída da corrente (uma lâmpada, por exemplo, uma ferramenta elétrica, um aquecedor, um chuveiro etc.)

- **RESISTÊNCIA** — é a restrição ao fluxo da corrente
- **CONDUTORES** — substâncias, como metais, com baixa resistência à eletricidade, permitindo que ela flua livremente, ou quase. O corpo humano pode ser, em determinadas circunstâncias, um excelente condutor
- **ATERRAMENTO** — uma conexão condutiva à terra, agindo como medida de proteção
- **ISOLADORES** — substâncias com alta resistência à eletricidade, tais como vidro, porcelana, plásticos ou madeira seca, as quais atuam como fatores que evitam de a eletricidade atingir áreas indesejáveis

Basicamente a NR-18 determina certas precauções que visam prevenir o grande número de acidentes envolvendo eletricidade, baseada na máxima de que **CHOQUE ELÉTRICO PODE MATAR!**

- Serviços nas instalações só podem ser realizados com o circuito desligado;
- Se o circuito não puder ser desligado e o trabalhador tiver de trabalhar em linhas "vivas", todas as precauções devem ser tomadas, sendo, inclusive, obrigatórios o uso de EPI especial e ferramentas apropriadas;
- É proibida a existência de partes vivas expostas em circuitos e equipamentos elétricos;
- Emendas e derivações dos condutores devem assegurar a resistência mecânica e eventual contato acidental. O isolamento das emendas e derivações deve ser apropriado aos dos condutores elétricos utilizados. Por exemplo, se você está usando fios com 2,5 mm, use isolantes apropriados para essa bitola de fio;
- Além de isolamento adequado, os condutores não podem permitir a obstrução de passagens de materiais e de pessoas;
- Os circuitos elétricos devem ser protegidos contra impactos, umidade e agentes corrosivos;
- Se uma determinada fiação se tornar desnecessária, inoperante ou dispensável, deve ser retirada por um eletricista responsável;
- Chaves blindadas devem ser convenientemente protegidas de intempéries e instaladas em posição que impeça o fechamento acidental do circuito. Exemplo: numa caixa de força, os grampos energizados devem ficar para cima e os desenergizados para baixo. Se você desligar a chave, esta não poderá acidentalmente tocar os grampos energizados, que estarão na parte de cima da caixa;

• Os porta-fusíveis não devem ficar sob tensão quando as chaves blindadas estiverem na posição aberta. É proibido o uso de chaves blindadas como dispositivo de parada ou acionamento de máquinas;

• Os fusíveis das chaves blindadas devem ter capacidade compatível com o circuito a proteger, não sendo permitidas improvisações ou fusíveis de capacidade superior, sem a correspondente troca de fiação;

• Em todos os ramais destinados à ligação de equipamentos elétricos, devem ser instalados disjuntores ou chaves magnéticas independentes que possam ser acionados com facilidade e segurança. Esses disjuntores são uma garantia adicional para o caso de qualquer problema que venha a ocorrer na linha eletrificada.

REDES DE ALTA TENSÃO

As redes de alta tensão, ainda de acordo com a NR-18 (item 21.14), devem ser instaladas de modo a evitar contatos acidentais com veículos, equipamentos ou mesmo trabalhadores que se movimentem pelo local.

Há inúmeros casos de acidentes causados pelo contato acidental de gruas, guindastes e outros equipamentos de grande porte, com linhas de transmissão de alta tensão.

Jamais permita que grandes equipamentos, como gruas, caminhões pesados ou fora de estrada, façam manobras junto a linhas transmissoras de alta tensão.

Os riscos são inúmeros: basta uma manobra errada, ou um movimento de guindaste em ângulo imprevisto, para que possa ocorrer uma verdadeira tragédia, seja colidindo com uma torre de alta tensão, seja pelo simples contato de alguma haste do guindaste ou grua em algum dos fios de alta tensão.

Um dos maiores perigos relativos à eletricidade nos canteiros de obras são as instalações temporárias, muito comuns, para atender a necessidades localizadas em algum ponto da obra e logo após serem removidas para outro local. A NR-18 também abrange esses aspectos, mencionando que as instalações elétricas provisórias em um canteiro de obras devem ser constituídas de:

- Chave geral tipo blindada, provida pela concessionária local de energia;
- Chave individual para cada circuito de derivação;
- Chave faca blindada em quadro de tomadas;
- Chaves magnéticas e disjuntores para os equipamentos.

Os disjuntores, aliás, ou chaves magnéticas, devem ser instalados de modo a evitar contatos acidentais com veículos, equipamentos ou trabalhadores, só podendo ser instalados pela concessionária.

A NR-18 é também bastante rígida quanto a instalações de redes, principalmente as de alta tensão, que somente poderão ser executadas por profissionais habilitados e credenciados pela própria concessionária de energia elétrica, devidamente munidos de EPI apropriado. Transformadores e estações abaixadoras de tensão enquadram-se nessas situações.

Um dos pontos importantes, que também é previsto na Norma, diz respeito ao aterramento de estruturas e carcaças desses equipamentos elétricos, que deverão estar devidamente aterrados. O aterramento de qualquer equipamento elétrico é uma medida de segurança extremamente importante, seja num transformador de alta potência ou simplesmente num chuveiro doméstico.

Outras regras básicas de segurança em eletricidade:

- Os quadros gerais de distribuição devem ser mantidos trancados com chave ou cadeado, com identificação;

- Ao religar chaves blindadas no quadro geral de distribuição, todos os equipamentos devem estar desligados. Máquinas e equipamentos móveis somente poderão ser religados mediante equipamento conjunto de plugue e tomada.

Embora o tema central da NR-10 – Instalações e Serviços em Eletricidade seja muito específico para trabalhos diretos com eletricidade, sugiro fortemente que os técnicos e engenheiros de Segurança do Trabalho leiam e interpretem atentamente todo o disposto na Norma, principalmente nos itens que dizem respeito diretamente à Construção Civil.

A gravidade do choque elétrico pode ser maior ou menor, ou até mesmo fatal, dependendo de quatro fatores que precisam ser levados em conta:

1. A intensidade da corrente que circulará pelo corpo humano;

2. Tempo de exposição à corrente elétrica;

3. O caminho percorrido pela corrente, sendo que a gravidade será maior se passar pelo coração; e

4. As condições orgânicas do indivíduo. Nesse caso, há pessoas que "brincam" com a eletricidade, fazendo demonstrações de que uma corrente de 110V não é fatal. Pode até não ser para uns, mas para outros, dependendo de suas condições físicas e orgânicas, aliadas aos fatores acima, pode causar danos irreversíveis e até mesmo a morte decorrente de fibrilação ventricular.

Um resumo dos riscos e das atitudes preventivas contra choques elétricos numa obra, de qualquer tamanho, com poucos ou muitos trabalhadores, pode ser demonstrado da seguinte forma:

RISCOS

- Fiação inadequada (bitola dos fios em relação à corrente);
- Partes elétricas expostas ou não isoladas;
- Fios desencapados;
- Sistemas ou ferramentas sem aterramento;
- Circuitos elétricos sobrecarregados, podendo gerar superaquecimento;
- Equipamentos ou ferramentas elétricos com defeitos ou em mau estado;
- Uso de ferramentas erradas ou inapropriadas para o serviço a ser feito;
- Linhas aéreas muito baixas ou desprotegidas;
- OBS.: todos esses riscos ficam mais graves sob chuva ou água no local.

MEDIDAS PREVENTIVAS

- Aterramento apropriado;
- Uso de EPI apropriado em todo e qualquer trabalho que envolva eletricidade;
- Uso de fusíveis e disjuntores apropriados (amperagem e localização);
- Proteger toda e qualquer parte energizada com isolantes;
- Uso adequado de cabos, que devem estar bem revestidos e flexíveis à movimentação, bem como protegidos contra abrasões;
- E, finalmente, mas não menos importante, treinamento!

É importante acrescentar que o treinamento especializado de eletricistas profissionais, bem como a análise dos projetos que serão executados, deve ser conduzido por pessoal habilitado, no caso o engenheiro de Segurança do Trabalho, podendo ser assistido por um técnico de Segurança do Trabalho.

CAPÍTULO 26

MÁQUINAS PESADAS

Em obras civis de grande porte, como pontes, viadutos, ferrovias, portos, hidrelétricas, onde há necessidade de grande movimentação de terra, rochas, abertura de túneis etc., faz-se necessário o uso de grandes máquinas e equipamentos, para substituir com vantagem a mão de obra humana.

Lembremo-nos da ferrovia Madeira-Mamoré, do início do século XX, que ceifou milhares de vidas (estima-se em 100 mil, mas isso parece exagero), apenas para abrir alguns poucos quilômetros ferroviários no atual Estado de Rondônia, tudo feito à base de foices, enxadas e picaretas, desmatando tudo o que encontravam pela frente e aplainando o terreno para o assentamento de dormentes e trilhos.

Hoje em dia isso é inadmissível, em que pese o esforço heroico do Mal. Rondon, o qual enfrentou naquele tempo as mais drásticas adversidades para abrir alguns poucos quilômetros de estrada de ferro, à custa de malária, febre amarela, acidentes de vários tipos, ataque de indígenas, além do esforço sobre-humano de todos os que trabalharam naquela obra, naqueles dias que o passado já turvou.

Máquinas modernas, hoje em dia, fazem o que antigamente se exigia de dezenas de pessoas. Há exemplos gratificantes: na indústria de celulose, que depende da colheita de pinus ou eucalipto, em que o Brasil é um dos maiores produtores mundiais, foi introduzida já há alguns anos uma "colheitadeira" de eucalipto, que substitui 17 motosserristas, sem nenhum risco de acidentes e sem nenhum problema de qualidade nos cortes.

Precarização da mão de obra, dizem alguns... Não se trata de abordar o tema sob esse aspecto, pois à medida que novas máquinas são introduzidas em todo e qualquer setor, passa-se a ter maior exigência e conhecimentos dos operadores. Basta olharmos para o exemplo do agronegócio, um dos mais produtivos do mundo desenvolvido: quando a colheita era feita na base da foice e rastelo, a produtividade era dezenas de vezes menor que hoje, quando colheitadeiras, trabalhando dia e noite, coletam em tempo mínimo o máximo possível.

Isso, entretanto, tem um custo: treinamento e qualificação dos operadores.

Essa teoria aplica-se sobretudo na indústria da Construção Civil. Vejamos:

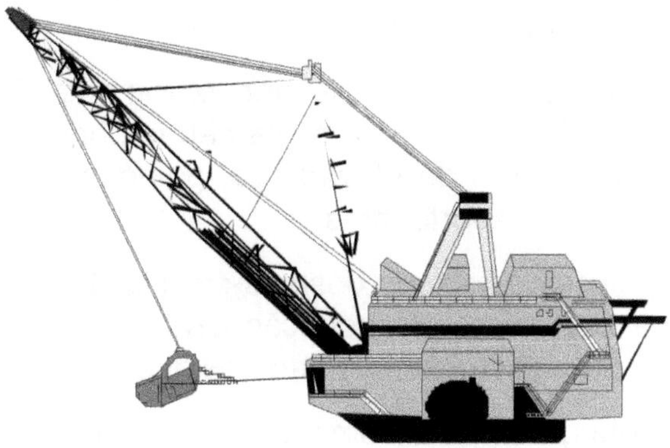

Esta é uma máquina de dragagem. Funciona retirando lodo ou areia de cursos d'água, desassoreando-os.

É certo que esta máquina exige do operador conhecimentos meticulosos sobre o processo de dragagem em si, mas principalmente amplo domínio sobre todos os comandos que a máquina possui, tais como movimentação da caçamba, direcionamento e posicionamento da draga em relação ao solo, direcionamento da máquina em relação ao piso e, principalmente, a segurança da operação, que deve ser feita sem riscos e com o máximo de perícia. Fácil? Pergunte ao operador de draga quanto tempo é necessário para o amplo domínio de todos os comandos elétricos e hidráulicos que essa máquina possui. Um simples erro no direcionamento de uma torre de guindaste pode causar danos irreparáveis.

É fácil "pilotar" um caminhão girante, basculante, fora de estrada?

O motorista precisa saber detalhes muito importantes sobre todos os comandos do caminhão, principalmente os comandos hidráulicos, para ter absoluto domínio sobre as operações de carregar, transitar (às vezes por itinerários difíceis), bascular e descarregar. Aqui, mais uma vez, estamos falando de capacitação e treinamento, além da autorização específica para operar este e outros equipamentos de transporte de materiais, tais como empilhadeiras e pás carregadeiras.

A NR-11, que trata dos temas Transporte, Movimentação, Armazenagem e Manuseio de Materiais, define claramente certas obrigatoriedades quanto à segurança em operações de elevadores, guindastes, transportadores industriais e máquinas transportadoras.

Dentre seus diversos tópicos destaca-se a questão dos elevadores, muito utilizados na indústria da Construção Civil, e medidas de segurança apropriadas para a proteção dos trabalhadores que ali se movimentam.

As principais obrigatoriedades impostas pela Norma são as seguintes, sobre as quais o técnico e/ou engenheiro de Segurança devem estar atentos:

- Poços de elevadores e monta-cargas deverão ser cercados, solidamente em toda a sua altura, exceto portas ou cancelas necessárias à movimentação do pessoal;
- Se a cabina do elevador não estiver no mesmo pavimento, a abertura deverá estar protegida por corrimão ou outros dispositivos convenientes;
- Deverão ser calculados e construídos de forma a oferecer as garantias de resistência, equipamentos do tipo ascensores, elevadores de carga, monta-cargas, pontes rolantes, talhas, empilhadeiras, guinchos e demais equipamentos destinados ao transporte de material ou de pessoas. Falaremos sobre este item no próximo Capítulo;

- Especial atenção será dada aos cabos de aço, cordas, correntes, roldanas e ganchos, que serão permanentemente inspecionados. Este tipo de corrente é terminantemente proibido em qualquer Construção Civil, pois está embaralhado e não se pode distinguir se há ou não falhas entre seus elos que venham a comprometer a segurança da operação;
- Em todo equipamento será indicado em local visível a carga máxima de trabalho permitida;

• Demais regras básicas previstas na NR-11:

a) Para equipamentos de transporte de pessoal, deverá haver normas específicas de segurança;

b) Carros manuais para transporte deverão ter suporte para as mãos;

c) A empresa deverá fornecer treinamento específico para os operadores de veículos à força motriz (empilhadeiras etc.);

d) É exigida a habilitação específica para esses operadores, que deverão portar crachá de identificação com nome e fotografia, em lugar visível. ATENÇÃO! A fiscalização do trabalho concentra-se muito nestes aspectos;

e) Essa habilitação terá a validade de um ano, devendo ser revalidada.

EMPILHADEIRAS

As empilhadeiras formam um capítulo a parte, em razão de suas próprias características e também pelo fato de serem largamente utilizadas nas mais variadas espécies de trabalho, em todo tipo de indústria, incluindo a da Construção Civil.

É considerada, por suas características, uma máquina pesada, embora sua capacidade possa variar desde pequenas e práticas empilhadeiras até as mais robustas, destinadas a trabalhos superpesados.

A primeira característica a ser analisada em uma empilhadeira é sua capacidade de carga em relação ao serviço que prestará. Isso depende muito de alguns fatores essenciais: capacidade do motor, capacidade de elevação, garfos, comandos e, principalmente, o contrapeso da máquina. Esta figura demonstra a localização do contrapeso, que deve ser equivalente ao peso declarado que a máquina transportará e içará. Se essa regra elementar não for observada, pode ocorrer o “efeito gangorra”, em que o peso transportado não equivale ao contrapeso e capacidade da máquina.

A NR determina ainda que empilhadeiras a diesel, gás ou gasolina não podem trabalhar em ambientes fechados. Nesses casos, usa-se empilhadeira elétrica, para que não haja emissão de poluentes resultantes da combustão de gases emanados pelo gás, diesel ou gasolina.

Para serviços ultrapesados, externos, pode ser utilizada empilhadeira movida a combustível fóssil, que se dissipa no ar.

Esta é uma empilhadeira superpesada, utilizada em movimentação de toras.

Repare como a carga está firmemente “abraçada” por garfos especiais, evitando o tombamento da máquina, que na maioria dos casos advém do desequilíbrio e posicionamento da carga, como também em razão da estrutura da máquina, apropriada para esse tipo de serviço pesado.

Regras básicas que todo operador de empilhadeira deve conhecer:

- Empilhadeira não é veículo de transporte de pessoas. Dar “carona” a alguém é terminantemente proibido;
- Ao trafegar vazia, os garfos da empilhadeira devem permanecer abaixados, a no máximo 20 cm de distância do solo. Trafegando vazia, com os garfos levantados, aumenta-se o risco de atingir pessoas ou objetos que estejam nas proximidades ou fora do alcance dos olhos do empilhadeirista;

• Leve em conta os riscos que possam existir ao trafegar em solo irregular, principalmente se a máquina estiver carregada. Há locais em que a máquina não deve trafegar com carga. Esse equipamento, no geral, é feito para transitar em terreno plano;

• Se o terreno for irregular, só se admitem empilhadeiras com pneus apropriados (como no exemplo acima), ou até mesmo máquinas especialmente projetadas para essa finalidade.

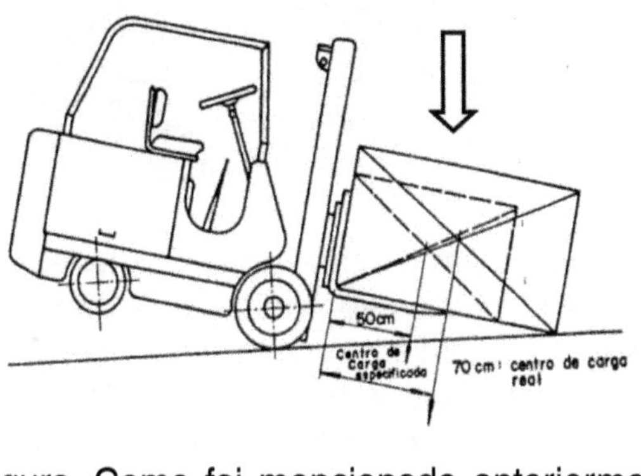

Observe esta figura. Como foi mencionado anteriormente, sobrepeso pode causar acidentes. Neste caso, o peso era superior à capacidade da máquina e ao seu contrapeso, aparecendo, então, a situação "gangorra", em que o peso desequilibra a máquina. Há também, neste caso, um excesso do tamanho do peso, que excede em muito a extensão dos garfos, levando, por consequência, ao tombamento ou ao "embicamento" da máquina, tornando a operação impossível de ser concluída.

Outro tipo de máquina pesada muito utilizada na Construção Civil são as pás carregadeiras.

Máquinas indispensáveis em grandes obras, as pás carregadeiras têm a função específica de remover terra, entulhos, rochas e outros materiais que possam estar atrapalhando a execução de serviços de Construção Civil.

São, em geral, máquinas superpesadas, requerendo, portanto, grande habilidade do operador, bem como manutenção e conservação adequadas.

Essas máquinas gigantescas, dotadas de motores ultrapotentes e sistema hidráulico avançado, são capazes de operar sob as mais árduas condições, desde que estejam em perfeitas condições de operação, com pneus adequados, sem vazamentos no motor ou no sistema hidráulico e dotadas de todos os recursos para que o operador possa executar seu trabalho com toda a segurança.

Aqui temos um exemplo de pá carregadeira retirando materiais, para transportá-los a outro local. É uma operação delicada, pesada e cheia de riscos.

Para que essa operação se desenvolva sem a possibilidade de ocorrerem acidentes é necessário, como dissemos acima, ter a máquina em perfeitas condições de uso e funcionamento.

Nestes casos, o operador também deverá ser treinado pela empresa e portar o crachá de identificação, que o habilita a trabalhar com a máquina.

Observem esta foto. Foi tirada em uma fundição, onde a matéria-prima era retirada de baias e transportada com pás carregadeiras até as áreas de fundição e processamento. Este flagrante mostra a visibilidade que o operador tinha ao manobrar tão importantes veículos, as pás carregadeiras.

Pergunto: seria possível ao operador visualizar com segurança as ações que deveria praticar? No caso (esta foto é real, tomada na própria empresa, durante operação normal e de rotina), como poderia o operador enxergar com precisão as minúcias da tarefa, tendo um para-brisas sujo e mal conservado como este?

As pás carregadeiras têm várias funções:

• Carregam materiais. Observe sempre, a exemplo do que ocorre com as empilhadeiras, a capacidade de carga das pás carregadeiras; caso contrário, pode ocorrer o "efeito gangorra", ou seja, as rodas traseiras ficarem suspensas durante a operação ou, se for pá carregadeira de esteira, ela não conseguir executar suas funções;

• As pás carregadeiras, como o próprio nome diz, servem como pás, isto é, cavam o chão onde terra, entulhos, rochas ou materiais diversos serão removidos;

• São transportadoras, movimentando os materiais de um lugar para outro;

• Exercem também a função de carregar caçambas de caminhões que, ao final da operação, transportarão os materiais removidos para outros locais. Essa operação é muito comum em minerações ou em grandes obras, em que se requer a remoção de grandes volumes de material, usando-se caminhões caçambas de grande porte em conjunto com as pás carregadeiras.

Lembre-se, porém, e instrua todos os operadores de pás carregadeiras, de que essas máquinas não são táxi nem veículos de transporte de pessoas.

Jamais permita que alguma dessas máquinas transporte pessoas na sua área de ação nem dê “carona” a alguém na cabine ou laterais da máquina.

Observe a imagem acima e imagine se, transportando alguém na pá, esse alguém venha a cair em decorrência de algum solavanco ou irregularidade do terreno. Deduza que, com certeza, se alguém for em frente da máquina, esta poderá atropelá-lo com consequências imprevisíveis, muito graves e trágicas.

CAPÍTULO 27

GUINDASTES E GRUAS

Guindastes e gruas fazem parte integrante de qualquer grande obra de Construção Civil (e também outras atividades), por sua praticidade e capacidade de içar e transportar materiais de um local para outro, de forma segura e prática, desde que sejam observados certos preceitos de segurança.

A começar do operador: ele precisa conhecer, em todos os seus mínimos detalhes, todas as características do equipamento em que trabalha, suas dimensões, capacidades, *modus operandi*, comandos e sobretudo as finalidades a que o equipamento se presta.

Este é um guindaste móvel, sobre esteiras, de grande capacidade de tração e elevação. É capaz de realizar tarefas difíceis e superpesadas, tais como erguer e transportar grandes peças de concreto armado, tubulações etc., deslocando-as de um lugar para outro com toda segurança e precisão.

Reparem na grande quantidade de cabos que suportam a estrutura do guindaste, como também o suporte do guincho e da roldana.

Impossível ocorrer acidentes com esta máquina? Depende...

As principais causas de acidentes com guindastes são:

• Contato acidental com linhas elétricas energizadas;

• Tombamentos e capotamentos;

• Quedas em barrancos, falhas do terreno etc.

• Falhas mecânicas;

• Erros do operador ou ajudante (aqui, mais uma vez, entra a questão do treinamento: estaria o operador ou seu ajudante devidamente treinado para operar um gigante como este?).

Resta perguntar: se as causas principais dos acidentes com guindastes e gruas são essas, por que elas ocorrem? Encontrando a resposta a essa questão, você terá como solucionar esse problema. Que fatores contribuem para causar acidentes com guindastes e gruas?

• INSTABILIDADE: carga insegura, excesso de peso da carga, terreno desnivelado, inapropriado ou escorregadio;

• FALHAS DE COMUNICAÇÃO: o ponto de operação está muito distante do operador ou ainda fora do alcance da visão do operador (ponto cego);

• OPERADORES ou ajudantes mal treinados e despreparados para operar e/ou orientar o direcionamento do guindaste. Este ponto, mais uma vez insistimos, é objeto de treinamento e orientação;

• MANUTENÇÃO ou inspeções de segurança inadequadas. Quanto a este ponto, é importante elaborar um "check-list" dos pontos a serem verificados a cada dia, antes de iniciar a operação.

Quem está sob risco de sofrer acidentes ao operar guindastes? Certamente:

a) Os próprios operadores do guindaste;

b) Os ajudantes que direta ou indiretamente estão envolvidos na operação; e, finalmente,

c) As pessoas que trabalham ou se movimentam ao redor da operação.

Para que o técnico de Segurança ou o engenheiro de Segurança do Trabalho possa aferir as condições de operação e correto funcionamento dos guindastes, cabem algumas definições importantes sobre essas máquinas:

- **Guindaste** – Consiste numa estrutura rotativa para erguer ou carregar outros veículos horizontalmente; geralmente é dotado de pneus ou lagartas
- **Guincho** – Usado para erguer e baixar a carga
- **Braço** – Uma estrutura inclinada, forte, capaz de suportar a estrutura de erguimento e a respectiva carga
- **Limites do braço** – Um dispositivo usado para limitar o ângulo do braço em sua posição mais elevada ou lateral
- **Breque** – Utilizado para parar o guindaste, por meio de fricção ou outra força
- **Bloqueio** – Posição em que o guindaste, a estrutura ou o gancho deve parar de funcionar
- **Contrapeso** – Extensão adicionada ao ponto de suporte do guindaste, para prover mais capacidade à estrutura para erguimento de cargas específicas ou especiais

É importante e indispensável que todo operador de guindaste e seus ajudantes estejam plenamente familiarizados com a nomenclatura e as funções de cada parte do guindaste. Insista nisso. Vale a pena treinar, treinar e treinar as pessoas envolvidas na operação de guindastes. Demonstre os riscos e as medidas de prevenção, por meio de ensinamentos e questionamentos práticos.

Por exemplo: quais são os riscos envolvidos na operação do guindaste?

- Carregamento acima do peso apropriado;
- Velocidade excessiva;
- Ausência de sinais de mão no solo;

• Inspeção/manutenção inadequadas;

• Falta de proteção nas partes essenciais;

• Raio de rotação inadequado ou desprotegido;

Quais seriam as medidas para evitar esses riscos e, por consequência, evitar acidentes com os guindastes?

• Jamais trabalhar muito próximo às linhas de força;

• Manter sistema inadequado de exaustão, evitando aspirar resíduos e emanações produzidos pelos motores;

• Nunca ter a visão prejudicada por janelas sujas;

• Não faltarem *steps* ou *guardrails* para entradas e saídas do guindaste;

• Manter indicadores de ângulos para manobras, por meio de sinalização adequada (sinais de ajudantes ou sinalização fixa).

PESSOAS AUTORIZADAS

Somente pessoas autorizadas, treinadas e credenciadas oficialmente podem operar um guindaste, qualquer que seja seu porte ou finalidade.

Se o equipamento necessitar de conserto ou manutenção, NUNCA o seu uso pode ser autorizado, até que seja consertado.

Vejam este exemplo: um guindaste apresenta esteira danificada e pneus de suporte com problemas.

Pergunta-se: quem, no caso, é responsável por inspecionar (e constatar) essas irregularidades e somente liberar a máquina depois dos reparos necessários?

Em primeiro lugar está o próprio operador, que deve inspecionar as condições gerais do equipamento. A seguir, sua chefia direta, a quem cabe solicitar ou demandar os consertos necessários. Finalmente, o técnico de Segurança do Trabalho, o qual tem o dever de embargar o uso da máquina até que ela seja colocada em condições adequadas de operar com toda segurança.

Essas providências nos remetem a uma inspeção inicial, que deve ser feita antes de se iniciar o trabalho. Como isso deve ser feito?

- Posicione o guindaste e assegure-se de que esteja de frente para a peça e também que o equipamento suportará o peso a ser removido;
- Certifique-se da capacidade básica e das limitações do guindaste e também das suas restrições de trabalho, como solo instável, linhas de força ou peso máximo;
- Certifique-se de que as outras pessoas próximas saibam das atividades de levantamento e carregamento;
- Coloque barricadas nas áreas onde o raio do guindaste atua;
- Assegure-se de que o equipamento está seguro e com boa manutenção, bem como para colocar máquinas ou equipamentos.

GUINDASTES MÓVEIS

São a grande maioria dos guindastes usados em grandes obras, pois permitem o fácil deslocamento de um lugar para outro, onde sejam necessários. Todavia, como esses guindastes têm de trafegar por terrenos e condições desvantajosas, uma série de precauções deve ser tomada.

Os princípios de operação de um guindaste móvel são:

- Centro de gravidade;
- Peso e altura;
- Estabilidade;
- Integridade estrutural;
- Mobilidade;
- Capacidade.

Nunca se pode prescindir de verificar que todos esses itens atendam às necessidades que o guindaste móvel atenderá. São máquinas versáteis, de grande valia em obras de grande porte, mas estão sujeitas a certas precauções. Um dos grandes riscos a que os guindastes móveis estão sujeitos é trabalhar próximo ou sob linhas elétricas de alta tensão.

Tendo em vista que os guindastes móveis podem deslocar-se de um local a outro, muitas vezes o operador não observa que está exatamente sob linhas elétricas energizadas.

Esse é o grande perigo!

Em primeiro lugar o operador deve certificar-se de que sua máquina opera em terreno firme (embaixo) e longe de linhas elétricas (acima). São duas regrinhas fundamentais: olhar abaixo e acima de onde seu guindaste está operando.

CAPACIDADE DE CARGA

Nunca se deve operar um guindaste móvel ou fixo sem saber exatamente a capacidade do guindaste e o peso da carga a ser movimentada.

Exija sempre (e o técnico de Segurança do Trabalho deve acompanhar) o "conhecimento da carga", que nada mais é que um documento emitido pela administração da obra, para que o operador saiba exatamente quando seu guindaste vai erguer e comparar esses dados com a capacidade do próprio guindaste.

É imprescindível, portanto, que o operador conheça:

1. A capacidade do guindaste que está operando; e

2. O peso da carga que será movimentada.

Para que o operador tenha total segurança ao movimentar uma carga com seu guindaste:

— Esteja certo de que o operador saiba exatamente:

a. Ambas as capacidades: da máquina e da carga;

b. Velocidade de operação da máquina: mais lenta ou mais rápida;

c. Riscos especiais existentes ao movimentar aquela carga.

Para conhecer com exatidão essas capacidades, o operador deve certificar-se da documentação estipulando o peso e as capacidades.

Deve também assegurar-se de que os cálculos estejam corretos, ou seja, saiba com exatidão os dados referentes à operação que realizará.

Deve também conhecer os limites de comprimento e raio de ação da máquina.

O desconhecimento desses fatores (peso da carga, capacidade da máquina e condições de operação) pode resultar em acidentes muito graves.

Neste caso, reportado pelo NSA dos Estados Unidos, o operador sofreu esmagamento, com sequelas graves, pois a carga estava acima do limite (capacidade) de carga do guindaste.

No caso de guindastes, aplica-se também a regra já comentada sobre a necessidade de o operador ter ampla visibilidade da operação e de todas as circunstâncias que a envolvem, para ter noção exata de qualquer risco, seja de tombamento do guindaste, tombamento da carga ou atropelamento de alguém.

Jamais permita que um guindaste opere nas condições acima!

Que visão adequada teria o operador sobre obstáculos no caminho, pessoas, cargas etc. numa situação como esta?

É responsabilidade tanto do técnico de Segurança como *principalmente* do supervisor de obras ou do responsável técnico pela movimentação e operação dos guindastes providenciar imediatamente a troca do para-brisas quebrado, a fim de permitir a perfeita visão do operador. Lembre-se: o operador precisa ter uma visão a mais ampla possível, tanto à frente, como nas laterais, atrás, mediante retrovisores ou, nos casos mais modernos, câmeras de monitoração das ações a serem praticadas.

OPERAÇÕES MANUAIS DE CARGA E DESCARGA DE MATERIAIS

Esta é uma situação corriqueiramente encontrada em pequenas obras, em que não há empilhadeiras ou guindastes disponíveis e, portanto, os trabalhadores é que têm de movimentar manualmente as cargas.

Porém, há formas de facilitar essa tarefa e evitar a ocorrência de acidentes.

Carrinhos transportadores, como o mostrado nesta imagem, são de grande valia para a locomoção de cargas.

Com desses carrinhos, que são simples e baratos, pode-se transportar cargas pesadas, como sacos de cimento, que de outra forma exigiriam grande esforço físico dos trabalhadores, principalmente se o montante da carga for bastante expressivo.

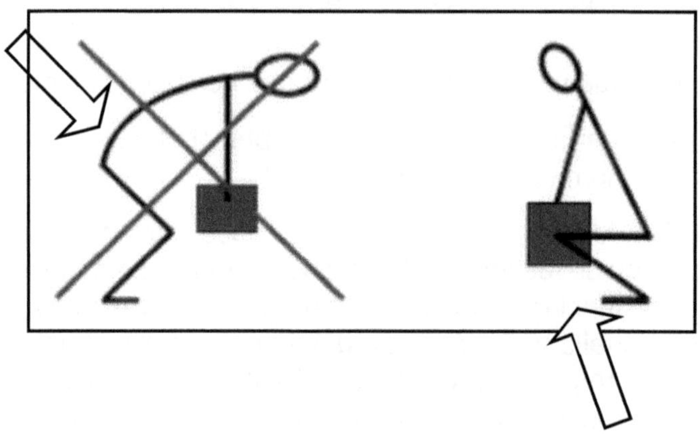

A NR-11, que, como dissemos, trata do Transporte, Movimentação, Armazenagem e Manuseio de Materiais, traz também uma série de exigências quanto à movimentação manual de cargas.

A primeira regra é jamais tentar levantar uma carga dobrando as costas (isso sobrecarrega a coluna vertebral, que sofre todo o peso da carga). Ensine, e insista neste ponto, que dobrar as pernas é a forma mais segura de levantar uma carga.

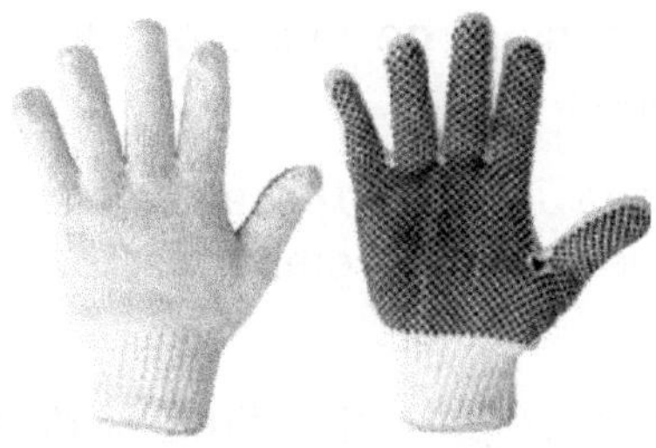

Outras recomendações básicas: usar luvas apropriadas sempre que for manusear cargas. Se a carga for leve, pode ser utilizada luva de algodão, mas se você estiver trabalhando com uma carga mais pesada ou cheia de arestas, recorra a uma luva de raspa ou vaqueta, que lhe possibilitará a proteção adequada e evitará lesões em suas mãos, que são, como já disséramos anteriormente, as suas "ferramentas" de trabalho e precisam ser protegidas. Recorra ao técnico de Segurança ou ao mestre de obras para obter o par de luvas mais apropriado para o trabalho a ser feito. Lembre-se, porém, que o serviço pode requerer o uso de materiais de tipo mais apropriado para a proteção de suas mãos.

A NR-11 dispõe também:

1. Na operação manual de carga e descarga de sacos, em caminhão ou vagão, o trabalhador terá o auxílio de ajudante;

2. As pilhas de sacos nos armazéns terão a altura máxima de 30 fiadas, quando for usado processo mecanizado de empilhamento *(N.A.: este item aplica-se geralmente quando são usadas empilhadeiras para o correspondente empilhamento de materiais)*;

3. A altura máxima das pilhas será correspondente a 20 fiadas, quando for usado processo manual de empilhamento;

4. Quando não for possível o emprego de processo mecanizado, admite-se o processo manual, mediante a utilização de escada removível de madeira, desde que:

A) A escada possua lance único, com patamar final;

B) A largura máxima da escada seja de um metro, com patamar de um metro por um metro e altura máxima de 2,25 m em relação ao solo;

C) A escada deverá guardar proporção conveniente de distância entre o piso e o espelho dos degraus, que nunca poderá ser superior a 15 cm;

D) A escada deverá ter proteções laterais reforçadas, de madeira ou metal;

E) Deverá possuir lateralmente um corrimão ou guarda-corpo na altura de 1,00 m, em toda a sua extensão;

F) Deverá, por fim, possuir perfeitas condições de conservação, estabilidade e segurança.

A imagem ao lado mostra um tipo de escada muito utilizado no empilhamento manual de materiais, embora se possa fazer alguns comentários:

• É dotada de sapatas para garantir a firmeza de contato com o solo;

• As laterais são reforçadas;

• A escada aparenta estar em ótimas condições de conservação e segurança.

Há que se considerar, todavia, que a NR-11 exige algo mais: corrimão lateral ou guarda-corpo, patamar final e largura de um metro.

ARMAZENAGEM

Em muitas obras, tanto grandes, pequenas ou — principalmente — gigantescas, há necessidade de armazenar materiais, ferramentas e todo tipo de utensílio utilizado na construção.

Voltemos às exigências da NR-11:

• O piso do armazém deve ser constituído de material não escorregadio; de preferência em mastique asfáltico, em perfeitas condições, não podendo estar esburacado ou impróprio para as finalidades a que se destina;

• O material armazenado não pode obstruir portas, saídas de emergência tampouco material de combate a incêndios;

• O material empilhado deverá ficar afastado das estruturas do prédio a pelo menos 0,50 m (cinquenta centímetros);

• A disposição da carga não deverá dificultar o trânsito, a iluminação e o acesso a saídas de emergência. Veja a imagem a seguir: armazenamento limpo, em prateleiras resistentes, a uma altura adequada, sem nenhum obstáculo a impedir a livre movimentação de pessoas e máquinas, se for o caso;

• Neste caso trata-se de placas de piso que se utilizará na obra e, portanto, estão bem protegidas e acondicionadas. A NR-11 menciona que o armazenamento deverá obedecer aos requisitos de cada tipo de material.

Suponha, portanto, que se necessitasse armazenar galões de produtos químicos perigosos: a exigência seria a mesma, mas as condições de armazenamento seriam bem diferentes, apropriadas ao tipo de produto químico que se queira estocar.

CAPÍTULO 28

CABOS DE AÇO

Cabos de aço têm uma função preponderante, tal como os ganchos, nas operações de guindar, erguer e transportar materiais.

Por essa razão há uma regra básica que deve ser observada por todos os guindasteiros, operadores de gruas, operadores de ponte rolante, empilhadeiristas e demais operadores que trabalham com equipamentos de guindar: jamais trabalhe com cabos de aço danificados ou em más condições.

Como todo e qualquer equipamento, cabos de aço também se desgastam, distorcem e, em consequência, tornam-se inseguros. Um cabo de aço que se arrebenta durante uma operação com um guindaste, por exemplo, pode causar danos incomensuráveis, tanto materiais como pessoais.

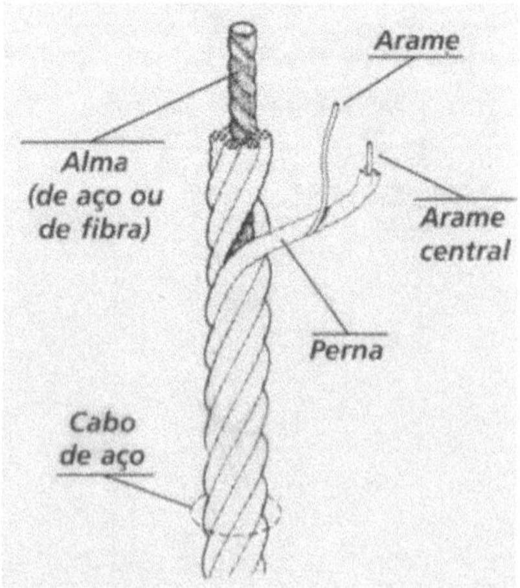

Um cabo de aço em perfeitas condições deve ser composto de todos os elementos que esta imagem mostra.

Assim, instrua todos os operadores que trabalham com equipamentos que fazem uso de cabos de aço ou ganchos que jamais operem se esses acessórios apresentarem qualquer defeito ou desgaste.

Outro fator a ser observado quanto aos cabos de aço é certificar-se de que ele tem capacidade para suportar o peso que vai erguer. Se o cabo estiver fora dessas especificações, não trabalhe com ele. Exija sua substituição por um cabo que realmente atenda às especificações do material que será erguido.

O mesmo cuidado deve ser adotado com relação aos ganchos: eles devem suportar o peso ao qual serão utilizados, sem riscos de se romper ou trincar. Aliás, quanto a este aspecto, certifique-se com absoluta segurança de que os ganchos da máquina que está utilizando acham-se em perfeitas condições.

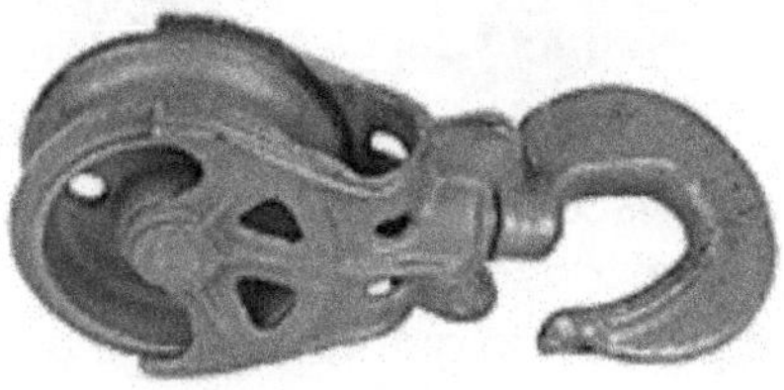

Este é um gancho dotado de roldana, muito utilizado em operações pesadas com pontes rolantes ou gruas, nas quais os cabos de aço são movimentados para erguer a carga. Neste caso, não apenas o gancho, mas também a roldana deve estar em perfeitas condições.

Voltando aos cabos de aço, vemos nesta imagem um exemplo de operação em que entra em ação um cabo amarrado a uma carga, sendo utilizado para erguer ou transportá-la. O que está errado nesta imagem?

Certamente a amarração do cabo à carga, que pode balançar e vir a cair, causando acidente por perda do material ou lesões em alguém que esteja nas proximidades. É muito importante, dessa forma, que também a amarração dos cabos à carga seja segura o suficiente para evitar "balanços" ou desequilíbrio.

Em operações de alto risco, como a demonstrada nesta imagem tomada numa operação de carga e descarga de *container*, a ação do guindaste (neste caso vale muito a perícia do guindasteiro) e as amarrações dos cabos na carga devem ser perfeitas, sem qualquer tipo de risco. Nestas operações não pode ocorrer falha nenhuma, como cabo de capacidade insuficiente para movimentar a carga, firmeza e integridade dos ganchos e precisão absoluta nos movimentos de erguer ou baixar a carga.

Vemos nesta imagem os tipos de distorção mais comuns em cabos de aço.

Infelizmente, por ação, omissão ou até mesmo "economia", muitas empresas trabalham com cabos de aço em más condições, como as aqui demonstradas. Desnecessário dizer que essa "economia" é falsa, pois uma quebra definitiva de um desses cabos pode acarretar prejuízos econômicos incalculáveis, além de expor ao risco os trabalhadores que ali estejam.

Resumindo, portanto: se você é técnico de Segurança do Trabalho, faça diariamente uma verificação nas condições dos ganchos e cabos de aço que estarão sendo utilizados, antes que eles causem acidentes.

CAPÍTULO 29

INVESTIGANDO ACIDENTES

Todo o esforço da empresa, dos engenheiros, técnicos, mestres de obra e demais envolvidos em atividades de Construção Civil é não desejar que acidentes ocorram.

Mas... infelizmente eles ocorrem e, pior, na indústria da Construção Civil ocorrem em grande número, geralmente com consequências graves.

A EVOLUÇÃO DOS ACIDENTES DO TRABALHO (1998 a 2006) — TOTAL DE ACIDENTES (em mil ocorrências)

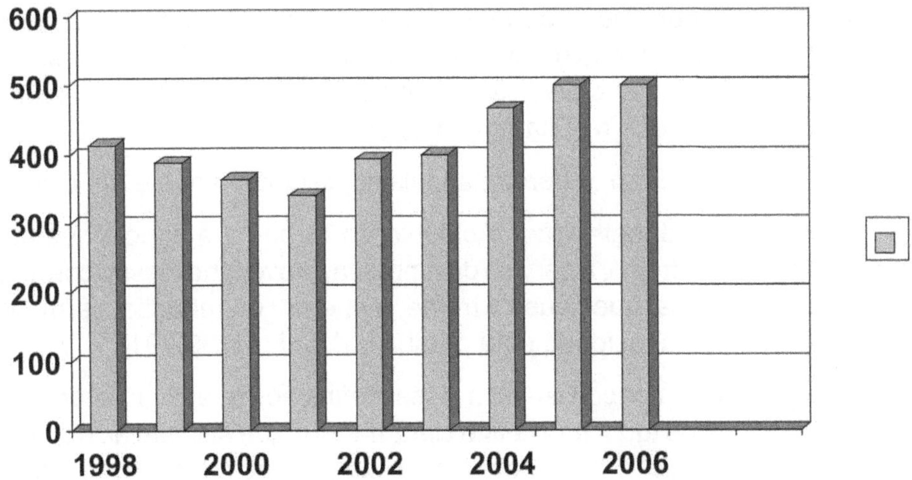

Este quadro mostra a dramaticidade da questão "acidentes do trabalho" no país: cerca de 500 mil por ano, ou 41,7 mil por mês, ou 1,4 mil por dia, ou, pasmem!, 58 por hora. Se preferirem, quase um acidente do trabalho por minuto, da mais ampla natureza, desde acidentes resultando em pequenas lesões até grandes tragédias resultando em mortes ou incapacidades permanentes. Estes dados são do INSS, que recebe, por Lei, a Comunicação de Acidente do Trabalho (CAT), que todo empregador é obrigado a emitir quando da ocorrência de acidente envolvendo seu empregado. Não estão computados aí aqueles acidentes com pequenas lesões, tipo arranhões, pequenos cortes etc., os quais não demandam afastamento do trabalho, nem os acidentes de trânsito.

É provável que esse número esteja decrescendo, graças a atitudes governamentais, do empresariado e, principalmente, da ação de técnicos e engenheiros de Segurança, que vêm contando hoje em dia com a mais avançada tecnologia e materiais mais adequados para prevenir acidentes, do que há cinco anos, quando esta estatística se tornou disponível.

Resta-nos fazer duas perguntas:

1. Por que determinado acidente ocorreu?

2. O que foi feito ou será feito para evitar que acidentes idênticos voltem a ocorrer?

Para que tenhamos resposta convincente e definitiva a estas duas questões, devemos seguir certas técnicas, às quais denominamos INVESTIGAÇÃO E ANÁLISE DE ACIDENTES.

Antes de qualquer questionamento sobre a expressão "investigação", é preciso esclarecer que esse procedimento não tem qualquer conotação policialesca e muito menos de procurar culpados. É importante que se tenha em mente que investigar e analisar um acidente é, antes de tudo, procurar as verdadeiras causas que resultaram no acidente.

Remanesce, porém, a pergunta mais importante: o que é um acidente?

Segundo nossa legislação, "Acidente do Trabalho é aquele que ocorre pelo exercício do trabalho, a serviço da empresa, provocando lesão corporal ou perturbação funcional que cause a morte, ou perda, ou redução, permanente ou temporária, da capacidade para o trabalho" (Lei n. 6.397/91).

Não podemos concordar com essa definição, que nos parece muito simplista e, acima de tudo, não define claramente o que seja um acidente, mas apenas menciona que "é o que ocorre pelo exercício do trabalho", adicionando apenas as **consequências** do acidente (morte, perda ou redução permanente ou temporária da capacidade para o trabalho). Esses fatores são, na verdade, produtos resultantes do acidente, mas, na verdade, persiste a pergunta: o que é, de fato, um acidente?

Desde 1930, época, portanto, em que foi criado o Ministério do Trabalho no Brasil, já se firmara internacionalmente o conceito (embora com algumas variações semânticas) de que "Acidente do Trabalho é toda ocorrência indesejável que interfere no andamento normal do trabalho".

Álvaro Zocchio, um dos grandes pioneiros da prevenção de acidentes no país, em seu livro "Segurança e Saúde no Trabalho – Como Entender e Cumprir as Obrigações Pertinentes", publicado em 2001 pela LTr, expõe de maneira clara e elogiável conceitos sobre os acidentes do trabalho, de forma que deles se pode afirmar o seguinte:

- São ocorrências anormais e indesejáveis no exercício do trabalho;
- Interrompem a atividade onde ocorrem;
- Interferem negativamente também em outras atividades;
- Agridem os trabalhadores com pequenas lesões, ou até grandes mutilações e, às vezes, com a morte;
- Causam diversos e consideráveis prejuízos às empresas;
- Contribuem para o desequilíbrio socioeconômico da nação.

Definição perfeita, pois não confunde **ACIDENTE** com **LESÃO** ou **MORTE**. Acidente é acidente (ou melhor, ocorrência indesejável). Lesão (leve, incapacitante parcial ou incapacitante total, permanente ou temporária) ou morte podem ser **CONSEQUÊNCIAS** do acidente (ou até mesmo de outros fatores que nada teriam a ver com acidente).

Outra questão, já demonstrada anteriormente, é que a definição de nossa Lei não leva em conta os assim chamados "acidentes materiais", ou seja, aqueles acidentes sem vítimas mas que ocorrem em profusão durante o trabalho, principalmente nas atividades inerentes à Construção Civil.

Mencionaremos aquele exemplo do tijolo que despenca das alturas e por fração de segundos não atinge o operário que acabara de passar pelo local. Sem dúvida, a queda dos tijolos foi um acidente, ou seja, uma ocorrência indesejada e inesperada, que não deveria ter ocorrido em situação normal.

Esse simples fato nos leva a concluir que também os acidentes assim chamados de "acidentes materiais", ou seja, aqueles que não produzem vítimas, devem ser investigados e analisados. Afinal, por que os tijolos vieram a cair? Essa é a questão principal, muito embora tenhamos, todos nós, aquele apelo emocional que nos comove quando um fato acidental atinge alguém, causando-lhe ferimentos (graves ou leves) ou, pior ainda, quando o acidente causa a morte da pessoa.

Quando falamos em investigação e análise de acidentes, devemos levar em conta que também (e, principalmente, talvez) os acidentes sem vítimas devem ser analisados e suas causas definidas, pois da próxima vez que tijolos despencarem lá de cima podem atingir seriamente algum trabalhador.

Suponha o seguinte: você, técnico de Segurança do Trabalho, está em sua sala, trabalhando, quando alguém vem e grita: "João caiu do telhado!".

O que você faria?

Perguntaria "ele se machucou?" Bem, isso demonstraria seu espírito altruísta ao saber que um companheiro havia sofrido uma queda de altura considerável.

Isso é suficiente?

Efetivamente não!

Em qualquer programa de segurança bem estruturado, há dois princípios fundamentais que precisam ser observados:

1. Estabelecer todos os métodos possíveis para que os acidentes não ocorram;

2. Uma vez que o acidente ocorreu, é porque a prevenção falhou. Nesses casos, é importante descobrir as causas ou os fatores que levaram à ocorrência do acidente, para evitar sua repetição.

É neste momento que se fazem necessárias a investigação e a análise completa do acidente, ou seja, no exemplo acima é preciso descobrir por que João caiu do telhado e quais as medidas necessárias para que outros "Joãos" não venham a sofrer acidentes semelhantes.

IMPORTANTE!

Investigar acidentes não é procurar culpados. Esse critério deve nortear todo o trabalho de investigar e analisar por que João caiu do telhado.

Isso envolve vários passos (e cuidados também).

A principal questão está no fato de que um acidente é uma ocorrência não prevista, ou seja, não se esperava que João viesse a cair do telhado. Essa é a principal questão quando se vai investigar um acidente: aquela situação era prevista? Se a resposta for sim, resta outra pergunta de suma importância: o que faltou (ou falhou) para que o acidente ocorresse?

Vamos relembrar alguns conceitos que certamente todo técnico ou engenheiro de Segurança sabe: para se prevenir acidentes, há três critérios básicos e um critério acessório.

O primeiro critério é controlar os riscos. Isso significa manter um sistema para:

- Reconhecer, identificar os riscos, conhecê-los;
- Avaliar, quantificar os riscos, em termos de probabilidade de ocorrer um acidente em decorrência daquele risco, e qual seria a sua gravidade;
- Neutralizar o risco, isto é, controlá-lo para que não gere acidente ou doença ocupacional.

O critério acessório, a ser utilizado em último caso, é usar EPI.

Veja a figura abaixo:

Esta figura pode exemplificar os principais conceitos de prevenção e proteção contra acidentes: há um buraco no chão, com uma placa de "cuidado" do lado e alguém se aproxima, com risco de cair para dentro do buraco.

O que fazer num caso como este?

As boas regras de segurança estabelecem critérios para evitar situações de risco.

1. ELIMINAR O RISCO (no caso, tapar o buraco);

2. ISOLAR O RISCO (no caso, colocar anteparos seguros cercando toda a área). O principal exemplo de "isolar o risco" que podemos mencionar é a eletricidade. Os fios são isolados para que ninguém encoste neles e sofra um choque elétrico;

3. SINALIZAR O RISCO (é o que a figura mostra, com a placa de advertência);

4. USAR EPI.

Todos estes quatro passos estão em ordem decrescente de eficácia.

Voltemos ao nosso caso de investigar por que João caiu do telhado. Lembre-se, antes de tudo, de que investigar um acidente não é procurar culpados, mas sim procurar saber quais as verdadeiras causas que levaram à ocorrência do acidente.

Assim, podemos antecipar o conceito básico de investigação de acidentes, cuja finalidade é procurar conhecer:

1. Atos ou atitudes inseguras, ou ainda fatores pessoais, que levaram à ocorrência do acidente;

2. Falhas nos equipamentos, máquinas, veículos ou acessórios.

Portanto, a investigação de acidentes deve exclusivamente procurar identificar quais os atos ou atitudes do trabalhador que levaram à sua ocorrência, bem como esclarecer as condições em que o trabalho estava sendo realizado e que poderiam ter alguma relação com as causas do acidente.

Investigar e analisar acidentes do trabalho não é trabalho do tipo "policial", para encontrar e incriminar culpados.

Faça com que todas as pessoas que possam dar informações sobre o acidente e suas causas sintam-se confortáveis em fornecer todos os dados possíveis sobre as causas, e jamais sobre os culpados pelo acidente.

Esse princípio é fundamental para que se possa chegar a conclusões definitivas sobre os fatores que levaram à ocorrência do acidente e, desse modo, corrigi-los a tempo antes que esses mesmos fatores acabem por levar a novos acidentes similares.

Faça com que todas as pessoas envolvidas ou não no acidente sintam-se absolutamente seguras quanto aos propósitos da investigação.

CUIDADO!

Tanto o trabalhador acidentado, como as testemunhas, colegas de trabalho, supervisores e/ou outras pessoas envolvidas no acidente tendem a mentir e/ou omitir dados importantes para o esclarecimento das verdadeiras causas do acidente.

Como conseguir credibilidade e aceitação colaborativa de todos?

Você precisa demonstrar que não é nenhum "investigador", mas sim um auxiliar das chefias e dos trabalhadores na busca das verdadeiras causas do acidente, com o único objetivo de corrigi-las e evitar a repetição do acidente.

Se você for investigar um acidente, deve concentrar-se exclusivamente nos fatos, deixando de lado opiniões pessoais, suposições, etc. Você precisa de duas coisas: ótimo conhecimento do trabalho realizado pelo acidentado e ter todos os instrumentos, liberdade e ferramentas para fazer um trabalho de investigação o melhor possível.

ENTREVISTANDO

Entreviste o maior número de pessoas que poderão dar informações sobre o acidente e, sobretudo, se possível, ouça o próprio entrevistado e anote todas as suas palavras e referências relativas ao acidente.

As entrevistas devem ser "na base da conversa", informais e sem aparentar "inquérito". Entrevistas são indispensáveis para se chegar aos fatores que causaram o acidente. Além disso, a entrevista:

- É uma excelente fonte para um primeiro conhecimento sobre as causas do acidente;

• Pode apresentar indícios na forma de:

— Intenções; comportamentos

— Objetivos; perspectivas

— Práticas que vinham sendo feitas

É muito importante manter um claro entendimento sobre os processos e controles de toda a operação, antes do acidente.

Pergunte ao supervisor imediato do acidentado se ele seguia o procedimento normal para atividades. Pergunte ainda:

— Que tipo de treinamento a pessoa ou as pessoas envolvidas no acidente receberam?

— Havia algo diferente da rotina de trabalho (qualquer coisa)?

— O que os trabalhadores pensam ter causado o acidente?

Descreva em detalhes o que João fazia lá em cima, antes de cair do telhado.

Duas das coisas mais importantes: João tinha experiência e/ou conhecimento para fazer o trabalho e, por fim, havia algum tipo de EPI que deveria ser usado por João e ele não o usava?

O objetivo final da investigação é saber o porquê do acidente, isto é, havia algum fator que não teria sido observado pelo acidentado e que lhe poderia ter lhe custado a queda do telhado?

É certo que estamos usando um exemplo simples e hipotético, isto é, a queda de um operário lá de cima, do telhado. Há, porém, acidentes muito mais complexos cujas causas precisam ser determinadas não apenas por simples entrevista (embora esses casos sejam a maioria), mas muitas vezes pode ser necessária a realização de perícias ou avaliações técnicas.

Durante a entrevista:

• Fale pouco e deixe cada testemunha falar livremente sobre o que viu do acidente. Anote tudo. Em casos extremos pode ser necessário o uso de gravador, com o consentimento da testemunha;

• Use rascunhos e diagramas para ajudar a testemunha;

• Enfatize áreas em que a observação poderia ou não ser direta e objetiva, ou indireta e subjetiva;

• Registre as palavras exatas da testemunha. Em nossa língua uma mesma palavra pode ter dois significados diferentes...

• Cada palavra é importante. Verifique cuidadosamente cada questão, para ter certeza de que você e a testemunha estão se comunicando corretamente e estão mutuamente se entendendo;

• Identifique as qualificações de cada testemunha (nome, endereço, ocupação, experiência etc.);

• Cada testemunha deve ter uma cópia de suas declarações. Forneça-as.

LEMBRE-SE:

Ninguém gosta de ser testemunha, principalmente nos casos em que um colega de trabalho está envolvido. Por essa razão explique que o único objetivo da investigação é tão somente descobrir por que, ou seja, o que causou o acidente, sem levar em conta culpados, responsáveis etc.

Esse talvez seja o ponto mais importante da investigação: conseguir que as testemunhas sintam-se seguras em informar exclusivamente sobre as causas do acidente, e não indicar culpados...

CAPÍTULO 30

ANÁLISE DE RISCOS E INVESTIGAÇÃO DE ACIDENTES

Análise de Riscos é um processo simples, que poderá ajudar não só na investigação de acidentes, mas sobretudo na sua prevenção. A Análise de Riscos é parte de muitos programas bem-sucedidos de Segurança do Trabalho em muitas empresas.

Consiste em desmembrar o trabalho em etapas básicas e identificar os riscos associados a cada uma dessas etapas, bem como a prescrição para o controle ou neutralização de cada um desses riscos.

É um processo similar à elaboração de um mapa de riscos, mas com recomendações de segurança para cada fase ou etapa do trabalho.

Imagine um exemplo simples: fazer a Análise de Riscos em uma operação de troca de um pneu de um automóvel. Suponha que um acidente ocorreu durante a operação e você analisará todas as circunstâncias da própria operação e do acidente em si. O que você faria? Lembre-se de que é preciso desmembrar a operação em todas as suas fases.

Reveja durante o processo se anteriormente já havia uma Análise de Riscos para o trabalho que estava sendo realizado. Tendo ocorrido um acidente durante a operação, verifique inicialmente se a AR estava ou não disponível e, mais importante, se não havia a AR faça uma breve análise para determinar de que forma um acidente poderia ocorrer naquela operação.

Uma vez ocorrido um acidente, tome por base a Análise de Riscos para aquela operação e verifique o que estava errado.

Compare as causas e condições em que o acidente ocorreu com as determinações legais, se houver, para aquela operação. Havendo exigência legal, verifique na Norma Regulamentadora (NR) referente àquela operação quais as exigências cabíveis àquela operação.

A Análise de Riscos corresponde, em muitos casos e em muitas empresas, às Ordens de Serviço, que são descrições de como certas operações são realizadas.

Tendo ocorrido um acidente em operação prevista em Análise de Riscos, cinco passos devem ser observados pelo técnico de Segurança:

1º passo: procurar "QUEM":

Quem sofreu o acidente? *Quem* foi ferido?

Quem pode ter cometido alguma falha que comprometeu a segurança?

Quem presenciou a ocorrência?

Quem fez isso ou aquilo?

Quem deixou de fazer isso ou aquilo?

Esta pergunta refere-se exclusivamente a pessoas.

2º Passo: procurar "ONDE", identificando o local exato do acidente:

Pavilhão, prédio ou outro local (rua, estrada, área);

Seção, setor, departamento, via interna;

Local exato do setor, do departamento;

Máquina, equipamento, objeto;

Operação específica, trabalho, instalação;

Algum outro local específico.

Esta pergunta refere-se a espaço físico.

3º Passo: procurar "QUANDO", ou seja, identificar o momento exato do acidente:

Dia, hora, dia da semana;

Momento, ou instante, ou etapa: da operação, do trabalho;

Turno de trabalho;

Duração do trabalho no momento do acidente;

Esta pergunta refere-se a tempo.

4º Passo: procurar identificar "COMO" o acidente ocorreu:

A versão do acidentado;

A versão de testemunhas;

A versão do *agente de chefia do acidentado*;

A versão de técnicos especializados;

A conclusão do SESMT ou da CIPA.

Esta pergunta refere-se à forma como o acidente ocorreu.

Finalmente o 5º Passo: identificar "O QUE" resultou do acidente:

• O QUE RESULTOU COMO CONSEQUÊNCIA DO ACIDENTE?

Especificar danos físicos ao trabalhador, danos materiais, perdas patrimoniais etc.

• O QUE, OU QUAIS FATORES MATERIAIS LEVARAM À OCORRÊNCIA DO ACIDENTE?

Especificar se houve condições inseguras ou outro fator de insegurança em máquinas, ferramentas, equipamentos, local de trabalho, condições de trabalho etc. que teriam propiciado a ocorrência do acidente.

• QUAIS ATOS, PRÁTICAS OU AÇÕES PESSOAIS LEVARAM À OCORRÊNCIA DO ACIDENTE?

Especificar o que o acidentado ou outras pessoas envolvidas podem ter praticado. O que foi feito de errado?

Para que você tenha uma análise perfeita dos riscos envolvidos na operação, dos quais resultou um acidente, deve, por fim, elaborar conclusões baseadas nos cinco passos anteriores e concluir, de forma definitiva, POR QUE aquela simples operação de troca de pneu pode resultar em acidente e, uma vez ocorrido tal acidente, que consequências físicas ou materiais podem resultar.

A Análise de Riscos, portanto, não só é um instrumento utilíssimo para investigar acidentes e comparar as circunstâncias em que ele ocorreu, como também – e principalmente – prevenir acidentes semelhantes.

Um instrumento de prevenção como a Análise de Riscos nunca pode ser considerado tão importante como nos trabalhos de Construção Civil.

CAPÍTULO 31

CUIDADOS COM EMPRESAS TERCEIRIZADAS E COM OS "GATOS"

"Gato" é uma palavra depreciativa dos "recrutadores" de mão de obra para trabalhar em empreendimentos agrícolas, principalmente na época das safras.

Esses atravessadores prometem salários acima de média, alojamento, alimentação e outros benefícios, em troca da prestação de serviços em um grande empreendimento agrícola.

Felizmente esses falsos "recrutadores" estão sendo combatidos pelo Ministério do Trabalho, que tem inspecionado e multado – quando não remetido de volta – os pobres trabalhadores que vinham exercendo suas atividades em condições sub-humanas.

Infelizmente, porém, em grandes obras, como hidrelétricas de grande porte localizadas em locais remotos, ou mesmo na abertura de novas estradas, pontes, viadutos e trilhos de ferrovias, onde é necessária grande disponibilidade de mão de obra para desmatar e preparar o terreno para a entrada de máquinas e outros equipamentos mecanizados, também estão presentes os "gatos".

Infelizmente, também, os "gatos" estão invadindo a Construção Civil em grandes e progressistas cidades, onde verdadeiras torres são erguidas a cada dia, ou a cada semana. Necessitando de mão de obra não especializada para trabalhos difíceis, para os quais não se encontra franca disponibilidade de mão de obra, as construtoras acabam aceitando empregados sem registro em carteira e sem nenhuma garantia trabalhista.

CUIDADO!

Esse fato pode se transformar em uma armadilha mais adiante, quando alguém reclamar seus direitos na Justiça do Trabalho ou fizer alguma reclamação aos órgãos fiscalizadores, ou, pior ainda, se algum desses trabalhadores vier a sofrer algum acidente em decorrência daquele trabalho, em que não havia sequer registro formal.

Em que pese o fato de existirem ilegalidades na contratação de mão de obra não qualificada, hoje em dia está se verificando um fenômeno empresarial que até poucos anos atrás não existia: por causa do "boom" imobiliário que vem ocorrendo em inúmeras cidades e, também, das grandes obras prometidas pelo governo para atender à ampliação de aeroportos, estádios, estradas, ferrovias, portos e outras obras de infraestrutura, prevê-se grande evolução do número de necessidade de mão de obra e, principalmente, mão de obra disposta a escavar, concretar, movimentar grandes taludes, erguer pilastras enormes, enterrar alicerces e bases para grandes obras, "socar" grandes pilares e fundações, além de trabalhar no erguimento de paredes concretadas e de grande peso e volume.

Nenhuma das grandes construtoras do país possui em tempo integral profissionais para realizar tão grande variedade de atividades.

Daí surge a pergunta: por que não terceirizar certos serviços a empresas especializadas? Já comentamos essa dúvida no Capítulo que trata das "implosões". Vamos deixar essa atividade para quem é especializado nisso e pode fazê-lo sem riscos.

Assim é com certas atividades da Construção Civil. Imaginem uma construtora mantendo permanentemente um quadro de azulejistas, encanadores, carpinteiros etc., para empregá-los apenas em parte do seu tempo.

Sob o ponto de vista de prevenção de acidentes, porém, aí é "que mora o perigo". Confiar um trabalho que está sob sua responsabilidade a alguém que não tenha compromisso com a segurança é um risco que pode sair caro para a construtora, se não forem observados certos cuidados.

Nada contra a terceirização de serviços, desde que a empresa terceirizada tenha as mesmas obrigações legais e de segurança que sua empresa tem com relação aos seus empregados próprios.

Hoje em dia os trabalhos são muito mais profissionais, mas quem nos garante que nos rincões afastados desse país alguma coisa similar possa estar ocorrendo? Tome extremo cuidado com a equipe terceirizada, pois na eventualidade de algum acidente, a responsabilidade pode recair sobre a empresa contratante, no caso, a sua.

Empreiteiras, portanto, podem ser de extrema utilidade, sendo até indispensáveis para o sucesso do empreendimento, mas exija por contrato a observância de todos os requisitos de segurança obrigatórios que são exigidos à sua própria empresa.

Terceirizar, portanto, não é "transferir o abacaxi", mas tão somente ganhar produtividade, especialização e mão de obra conhecedora do que fará, gerando ganhos para ambos os lados, mas nunca se esquecendo de que a empreiteira terá de assumir, por contrato, todas as exigências legais sobre Segurança e Medicina do Trabalho, mantendo, inclusive, profissionais especializados, conforme exigido pela NR-4.

Há, no país, inúmeras empresas especializadas em serviços que não necessariamente a própria empreiteira ou a construtora necessitem realizar. Mencionamos, há alguns Capítulos, sobre a capacidade da Dra. Paula Scardino em realizar trabalhos de assessoria em espaços confinados, bem como podemos citar o Sindicato dos Trabalhadores na Indústria da Construção Civil para ministrar cursos de formação e especialização de pessoal destinado a essa importante atividade no país.

Seguem abaixo serviços que podem perfeitamente ser terceirizados, desde que se observem os textos da Lei e haja uma fiscalização adequada sobre sua documentação, naquilo que é exigido tanto em qualificação técnica, como em custos, qualidade e legalidade:

- Serviços de alimentação;
- Montagem e desmontagem de alojamentos, inclusive com mobiliário adequado;
- Implosões;
- Operação de guindastes e gruas de grande porte;
- Caminhões caçamba e caminhões fora de estrada;
- Serviços de limpeza e higienização;
- Galpões infláveis;
- Desobstrução de estradas e servidões, inclusive com explosão controlada de rochas de grande porte;
- Transporte de produtos perigosos;
- Fretamento de embarcações lacustres e marítimas;
- Serviços de transporte aéreo, incluindo helicópteros;
- Terraplanagem e trabalhos com o solo;
- Serviços especializados de eletricidade;
- Informática e centrais de dados;
- Treinamentos especializados, inclusive voltados às necessidades de segurança, tais como organização de SIPATs e outras.

Enfim, cada obra, especialmente as obras gigantescas, tais como hidrelétricas, abertura ou asfaltamento de estradas rodoviárias, abertura de ferrovias, construção de edifícios ou condomínios de grande porte, não podem permitir-se manter em caráter permanente todo esse tipo de especialistas, que sabem muito bem o que fazem e têm disponibilidade para trabalho em todo o país.

CAPÍTULO 32

BRIGADAS DE INCÊNDIO

Esse tema tem respaldo na NR-23 – Proteção contra Incêndios, a qual estabelece medidas preventivas (e obrigatórias) para evitar e combater incêndios.

A Norma Regulamentadora é muito precisa quanto a definições técnicas sobre a origem e propagação do fogo, estabelecendo medidas protetoras quanto aos riscos de incêndio.

Além disso o próprio Corpo de Bombeiros, responsável pela vistoria técnica e autorização para o funcionamento do estabelecimento, por meio de sua instrução Técnica IT-19 estabelece padrões adicionais para prevenção de incêndios e brigadas contra o fogo.

Resta, porém, perguntar: na eventualidade de ocorrer um incêndio, o que fazer? Chamar os bombeiros? E se a obra estiver localizada a muitos quilômetros do mais próximo quartel de bombeiros?

Os especialistas afirmam que, quando se tratar de incêndios, os primeiros cinco minutos são mais importantes que as cinco horas subsequentes.

Há muita razão nessa afirmativa.

Se um incêndio irrompe, por alguma causa, é mais importante combatê-lo logo no início, do que tentar refreá-lo tão logo se alastre.

Há duas verdades nesse princípio:

1. Se você não impede que aquele princípio de incêndio seja logo e eficazmente combatido (e eliminado), o princípio de incêndio restringe-se a um mero “princípio”;

2. Se não for combatido e eliminado logo no início, aquele princípio de incêndio irá ou poderá transformar-se em um incêndio de largas proporções.

Por essas razões, grandes obras incumbiram os técnicos de Segurança a formar e estimular a criação e treinamento de brigadas, cujo objetivo primordial não é combater grandes incêndios (isso é tarefa de pessoal especializado, como o próprio Corpo de Bombeiros), mas principalmente prevenir e combater eventuais focos de incêndio.

Formar uma Brigada de Incêndio não é fácil, pois requer voluntariedade dos seus membros e muito, mas muito mesmo, treinamento e exercício, além, e principalmente, dos fatores que possam gerar um incêndio.

Antes de tudo é preciso conseguir voluntários. Nunca se deve forçar alguém a fazer parte da Brigada se isso não for de sua vontade.

Depois vem a tarefa mais difícil: ensinar noções sobre o fogo, treinar e motivar os membros a agirem como verdadeiros guardiães contra tudo o que possa causar fogo, em qualquer parte da obra, seja nas operações do dia a dia, seja nos alojamentos, nas cantinas e até mesmo nos churrascos alegres promovidos nos feriados e dias de folga.

Um brigadista deve ter "estado de espírito" para tudo aquilo que possa gerar um princípio de incêndio que, uma vez gerado, poderá vir a se transformar num grande desastre.

Não é fácil montar-se uma Brigada de Incêndio, principalmente em uma obra de Construção Civil. Começa pela dificuldade de que pequenas e médias obras jamais teriam a ideia de montar uma Brigada de Incêndio. Isso fica restrito, portanto, a grandes obras onde haja riscos efetivos de qualquer tipo de fogo, principalmente nas obras em que se aloja grande quantidade de pessoal.

Ao montar a Brigada, é preciso, antes de tudo, ensinar ao pessoal quais sãos os princípios que envolvem a natureza do fogo e suas formas de combate.

Refira-se, nesse ponto, ao disposto na NR-23 – Proteção contra Incêndios, o qual dá (e determina) todas as diretrizes atinentes à prevenção e combate ao fogo.

O que se entende por fogo? Do ponto de vista químico, fogo é uma reação química bastante elementar, resultante da combinação de três fatores essenciais: um combustível (pode ser gasolina, álcool, gás liquefeito de petróleo, madeira, folhas secas etc.), um comburente (o oxigênio, sem o qual não há combustão) e uma fonte de calor (um fósforo aceso, uma vela, uma ponta de cigarro ou até mesmo um produto superaquecido que gere calor suficiente para iniciar a combustão).

Assim, temos a seguinte definição, cujo aprendizado pode fazer diferença importante na prevenção do fogo:

COMBUSTÍVEL + COMBURENTE + CALOR = FOGO

COMBUSTÍVEL: Divide-se em três grupos:

• SÓLIDOS: madeira, papel, tecidos;

• LÍQUIDOS: álcool, gasolina, óleo diesel;

• GASOSO: GLP, vapores e gases; inflamáveis.

COMBURENTE: resume-se no ar que respiramos, composto por:

• 8% de N2 (Nitrogênio);

• 21% de O2 (Oxigênio);

• 1% de outros gases.

CALOR: fornece a energia de ativação necessária para iniciar a reação entre o combustível e o comburente mantendo e propagando a combustão.

Esses três conceitos, somados com mais um item chamado reação em cadeia, formam um incêndio. São a base de todo e qualquer treinamento na formação de qualquer brigada de incêndio, em qualquer lugar, em qualquer obra ou em qualquer situação de trabalho.

Esses conceitos são divididos em classes:

Classe A: Combustíveis comuns, materiais que queimam em superfície e em profundidade, como madeira ou papel.

• Extintor de incêndio indicado: água pressurizada — sigla AP — age como resfriamento.

Classe B: Líquidos inflamáveis. Queimam na superfície, como gasolina ou óleo diesel.

• Extintor de incêndio: Pó químico seco — sigla PQS — age com abafamento;

Gás carbônico — sigla CO2 — age com abafamento e leve resfriamento.

Classe C: Equipamentos elétricos, eletrônicos energizados, como TV, computadores, painéis elétricos.

• Extintor de incêndio indicado: Dióxido de carbono — sigla CO2 — age com abafamento e leve resfriamento;

Pó químico seco — sigla PQS — age com abafamento.

Classe D: É a classe de incêndio em que o combustível são metais pirofóricos, como magnésio, selênio, antimônio, lítio, potássio, alumínio fragmentado, zinco, titânio, sódio, urânio e zircônio. Queima em altas temperaturas, independentemente de outra fonte de calor.

• Extintor de incêndio indicado: Pó químico especial - São os únicos capazes de apagar incêndios da classe D. Criam uma crosta sobre o metal flamejante e evitam seu contato com o oxigênio.

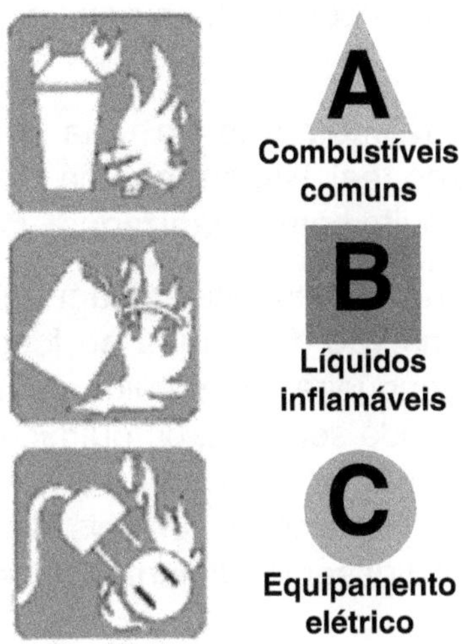

Dessa forma, podemos dividir os incêndios em quatro classes, sendo que as três principais e mais comumente causadoras de incêndios são:

Classe A: a mais comum. São materiais combustíveis comuns, como papel, madeira etc.

Classe B: são líquidos inflamáveis, geralmente de baixo ponto de ignição, como gasolina, álcool etc.

Classe C: são muito perigosos. Compõe-se de equipamentos elétricos energizados.

A Classe D é mais rara e só ocorre quando há na empresa materiais pirofóricos, como explicado anteriormente.

TREINAMENTO DA BRIGADA DE INCÊNDIO

Qualquer treinamento de membros de Brigada de Incêndio deve iniciar-se mediante o conhecimento teórico do fogo, para depois partir para treinamento prático. Assim, não basta apenas fornecer elementos teóricos aos membros da Brigada de Incêndio, mas principalmente treiná-los diante de fogo real.

A figura acima mostra membros de uma Brigada de Incêndio em treinamento em face de fogo real. Repare que há tambores de combustíveis queimando e as equipes, muito bem organizadas, vão dar combate ao fogo.

É muito importante que as pessoas saibam qual o seu papel na ação de combate ao fogo: alguns vão de ataque ao fogo, logo atrás vem outro para ajudá-lo a apoiar a mangueira, outro cuida do hidrante ou do elemento de combate (como vimos, pode ser CO2, pó químico seco ou outro). O mais importante nesse tipo de treinamento é saber o que e como combater. Esse é o ponto central que a Brigada deve conhecer, pois, diante de um fogo real, não pode haver discrepâncias ou desentendimentos entre o papel de cada um.

BRIGADA DE INCÊNDIO: ADESÃO VOLUNTÁRIA OU "INDICADA"?

A resposta imediata é adesão voluntária. Divulgue a formação da Brigada e peça a colaboração espontânea do pessoal.

Se alguém não desejar fazer parte da Brigada, não insista. Tente convencê-lo dos benefícios que isso trará para sua carreira, bem como ajudá-lo a prevenir e/ou combater focos de incêndio em sua vida particular, em suas casas ou nas imediações, junto a seus vizinhos.

Há empresa que cultivam o hábito salutar de incentivar os membros da Brigada de Incêndio fornecendo-lhes diplomas, roupas especiais de identificação (geralmente camisetas vermelhas com símbolos da Brigada) e até mesmo reuniões festivas ou almoços especiais onde são apresentados temas e experiências vividas pelos próprios membros. Isso é um incentivo importante, mas jamais ofereça adicionais de salário ou prêmios materiais, pois isso poderá "mercantilizar" a adesão.

ALARMES

Dissemos anteriormente sobre a importância de identificar um foco ou princípio de incêndio que poderá vir a transformar-se em um grande incêndio. É preciso avisar a todos.

Se você trabalha numa grande obra, ou na construção de um grande edifício, mantenha um sistema de alarme convencionado com todos os trabalhadores, logo no início de seu trabalho ou admissão.

Isso permitirá que qualquer trabalhador, ao presenciar um princípio de incêndio, acione o alarme e coloque todo o pessoal de prontidão para combater o foco do incêndio ou, se for o caso, evacuar o local de forma ordeira e disciplinada.

Abandono de local é sempre um problema, pois as pessoas tendem a "atropelar" umas às outras. Por essa razão, além de montar uma eficiente Brigada de Incêndio, é preciso organizar disposições de caráter geral para o abandono do local caso se verifique essa necessidade.

Em edifícios onde podem estar trabalhando vários profissionais eles devem ser treinados na forma correta de evacuação do local.

Para isso, é preciso que o local possua saídas de emergência suficientes para a rápida retirada do pessoal, bem como pessoas com espírito de liderança e treinamento adequado para organizar o abandono do local de forma organizada e sem atropelos, que até mesmo podem ser mais perigosos que o próprio foco de incêndio.

PORTAS CORTA-FOGO

Em edifícios em fase de acabamento já devem estar estruturadas as assim chamadas "portas corta-fogo", uma exigência do Corpo de Bombeiros para a emissão do competente alvará de regularidade, assim como a exigência de hidrantes, mangueiras e extintores compatíveis.

Essas portas jamais devem ser fechadas pelo lado externo ou mesmo trancadas com cadeados ou outros instrumentos que impeçam livremente sua abertura e fechamento.

Dentre todas essas precauções, vale a pena insistir: quem trabalha em Construção Civil, de qualquer tipo, grande, pequena ou gigantesca, deve estar suficientemente treinado e preparado para prevenir e quiçá combater o fogo.

Nesse particular vale a máxima: treinar, treinar e treinar. Insistir no tema. Jamais deixar de encarar o fogo como um inimigo em potencial, que pode ser desencadeado por uma simples ponta de cigarro, um fósforo, uma vela acesa ou um curto-circuito em instalação elétrica mal feita ou mal isolada.

CAPÍTULO 33

PRIMEIROS SOCORROS

Geralmente em todos os trabalhos de Construção Civil há a possibilidade de ocorrerem acidentes com lesão (a finalidade desta publicação é justamente fornecer informações para prevenir sua ocorrência).

Os tipos de acidentes com lesão mais comuns na Construção Civil são:

- quedas de nível superior (ocorridas durante trabalhos em altura ou de escadas);
- quedas do mesmo nível (escorregões, tropeções em objetos espalhados ou piso molhado);
- lesões nos olhos (respingos de materiais agressivos aos olhos, conjuntivites causadas por radiação proveniente de processos de soldagem, fagulhas e outros objetos estranhos que possam atingir os olhos);
- lesões nas mãos e dedos, causadas por impactos, pelo uso de ferramentas ou contato com produtos agressivos;
- ferimentos diversos causados por queda de objetos, atingindo principalmente a cabeça do trabalhador.

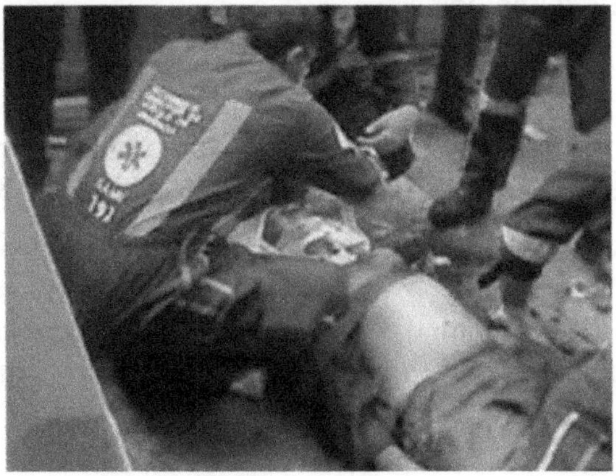

Dentre todos os tipos de acidentes com lesão os mais graves são as quedas de altura, pois geralmente esses acidentes podem levar a danos à coluna cervical (às vezes de forma permanente) ou até mesmo à morte.

O mais importante no trabalho de socorrer um trabalhador que tenha sofrido queda é não movimentar o seu corpo, pois isso pode danificar a estrutura da coluna vertebral, e a seguir chamar os socorristas para auxiliar na remoção cuidadosa do acidentado, que deve permanecer imobilizado, justamente para evitar que o mesmo se mova ou tente se levantar, se a situação permitir. Não permita isso! Mantenha-o imobilizado até que socorro adequado chegue e transporte o trabalhador ferido de forma segura e eficiente.

Lembre-se: movimentar o acidentado pode agravar as lesões que tenha sofrido.

Outro ponto muito importante são os olhos. Na construção civil eles estão expostos aos mais diversos tipos de risco: corpos estranhos, respingo de produtos químicos (ácidos, tintas, etc.), bem como estilhaços de várias naturezas e provenientes de diversas operações.

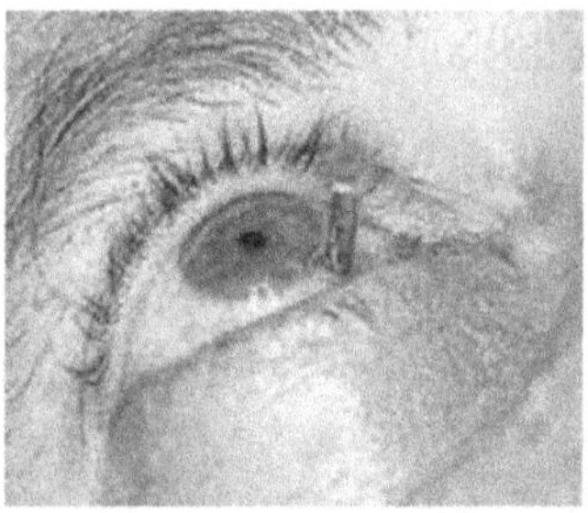

Esta imagem é forte.

Observe que um prego atingiu o olho do trabalhador até uma profundidade considerável (certamente ele não estaria usando óculos de proteção no momento do acidente).

Jamais tente remover qualquer objeto ou corpo estranho que tenha atingido os olhos. Casos como este requerem cirurgia especializada, por oftalmologistas especializados, para que não haja sequelas, danos à visão ou outras consequências. É possível colocar água boricada em um algodão limpo e colocá-lo sobre o olho enquanto o trabalhador é transportado para um hospital ou clínica oftalmológica.

Se os olhos forem atingidos por algum líquido e um lava-olhos estiver disponível nas proximidades, pode-se tentar removê-lo e depois encaminhar o trabalhador para um exame mais acurado. Se o produto for viscoso, como graxa, por exemplo, o lava-olhos não terá a eficácia desejada.

Grandes obras exigem a presença de Enfermeiro ou Auxiliar de Enfermagem do Trabalho e em alguns casos até mesmo a presença de Médico do Trabalho como componente do SESMT, além de meio de transporte adequado ou ambulância para a remoção de acidentados graves.

CAPÍTULO 34

PRÁTICAS COMUNS DOS TRABALHADORES (ATOS INSEGUROS)

Não se iluda.

Mesmo que você, técnico de Segurança do Trabalho, esteja confiante de que seus ensinamentos sobre riscos de acidentes tenham sido assimilados pelos trabalhadores (esperamos positivamente que sim), sempre haverá alguém ou algum ato de risco praticado por algum trabalhador.

Isso (que decepção!) pode se converter em acidentes das mais variadas proporções.

Às vezes um simples riscar de fósforo pode desencadear um incêndio de grandes proporções. Ou, então, alguém lidando com alguma máquina que esteja em manutenção pode causar danos irreversíveis àquele trabalhador que alí estava a fazer seu trabalho de manutenção.

Listamos abaixo as práticas inseguras mais comuns em qualquer atividade, seja na Construção Civil ou em qualquer outro tipo de atividade.

Imagine alguém acendendo um simples cigarro junto a um recipiente de líquido inflamável.

Isso pode ser considerado como uma atitude insegura? Ou ato inseguro?

Qualquer que seja a definição que se procure para essa atitude, resta perguntar: será que esse trabalhador estaria plenamente conscientizado sobre os riscos que tal atitude poderia gerar?

Atos inseguros são perfeitamente preveníveis, ou evitáveis, desde que os trabalhadores tenham pleno conhecimento dos riscos e, sobretudo, atitudes prevencionistas. Trabalhe nesse sentido: prevenir acidentes é um estado de espírito!

A definição mais atualizada de atitudes inseguras no trabalho, os assim chamados "atos inseguros", são as maneiras como as pessoas se expõem consciente ou inconscientemente ao risco de virem a sofrer acidentes.

Essas maneiras são inúmeras, ou até mesmo infinitas, dependendo da atividade que se está exercendo, seja no lar, no trânsito, no trabalho ou até mesmo na prática de esportes.

EXEMPLOS TÍPICOS DE ATOS INSEGUROS NA CONSTRUÇÃO CIVIL:

- deixar de tomar precauções na execução de determinadas tarefas, principalmente aquelas tarefas para as quais tenha sido devidamente orientado;

- não seguir normas de trabalho existentes. Neste particular, há que se considerar se as normas eram de conhecimento amplo; caso contrário, constitui-se em ato inseguro não seguir as normas de segurança existentes, para as quais tenha sido orientado;

- trabalhar em ritmo perigoso (muito lento ou muito rápido). Na Construção Civil essa prática é muito comum, pois a pressa em terminar algum trabalho leva a menosprezar as práticas seguras de exercer aquelas atividades;

- trabalhar sem que os dispositivos de segurança estejam funcionando. Isso é grave, pois muitas vezes o operador acaba por julgar que a falta de certo dispositivo não envolve risco. EVITE ISSO! Todo dispositivo de segurança é essencial para a execução de um trabalho seguro e livre de riscos;

- trabalhar com ferramentas inadequadas; muitas vezes há a tendência de utilizar uma ferramenta inapropriada em lugar da outra, adequada. Quantas vezes você já deve ter presenciado alguém usando um alicate ao invés da chave de boca apropriada?

- não usar o equipamento de proteção individual adequado;

- distrair-se ou brincar no local de trabalho. Brincadeiras de mau gosto, às vezes inocentes, podem trazer consequências trágicas. Imagine alguém "dando um susto" em outrem que esteja concentrado no seu trabalho, muitas vezes lá no alto, a muitos metros do solo;

- limpar ou ajustar máquinas em movimento;

- tentar erguer materiais acima de suas forças. Insista nesse ponto, pois o pessoal gosta de exibir-se ou demonstrar aos outros que é capaz.

Procure identificar as práticas inseguras do pessoal e anote-as para, depois, em palestras específicas, tais como reuniões de CIPA, SIPATs ou outras oportunidades mais adequadas, abordar a questão e alertar a todos sobre os perigos que podem decorrer de práticas inseguras.

É preciso — e indispensável — que você conheça os costumes e as práticas usuais do pessoal. É um trabalho de observação constante, mas você deve contar com a colaboração dos mestres ou supervisores de primeira linha, pois eles, mais do que ninguém, conhecem seu pessoal e as práticas ou atitudes costumeiras de cada um, como, por exemplo:

- descer ou subir escadas correndo;
- usar ar comprimido para limpeza pessoal;
- jogar objetos em direção a outros colaboradores;
- comer alimentos ou guardá-los em locais impróprios;
- improvisar escadas (ex.: subir em tambores);
- subir em escadas mal apoiadas;
- fumar em local proibido;
- usar EPIs incorretamente.

Na verdade, a prática de atos inseguros na Construção Civil em muito se assemelha àqueles atos imprudentes que presenciamos no nosso dia a dia.

Tome por exemplo um ato banal e simplório, que ocorre a todos os momentos em todos os lugares: fumar.

Sabemos que há proibições de ordem social quanto ao fumo em locais públicos, restaurantes, repartições públicas, lojas e outros locais. Isso tem duas razões básicas:

1. Proteger os não fumantes do assim chamado "fumo passivo"; e
2. Evitar que o ato de fumar em determinados locais possa trazer riscos ao meio ambiente e às instalações em geral.

Na Construção Civil este último exemplo é o que se adapta melhor. Vale a pena mencionar que em toda e qualquer instalação da Petrobras, seja em terra ou em alto mar, fumar é um ato absolutamente proibido, tanto assim que qualquer visitante que tenha acesso a alguma instalação da empresa é compulsoriamente obrigado a deixar na portaria cigarros, isqueiros, fósforos ou qualquer outra fonte produtora de chama aberta, só voltando a obtê-los de volta ao final da visita.

Assim deveria ser o procedimento para todas as empreiteiras, quer lidem com materiais inflamáveis ou não, pois, em tese, todo material é potencialmente inflamável, seja uma simples folha de papel, um resto de madeiramento ou um vaso contendo gasolina ou outro hidrocarboneto inflamável.

CAPÍTULO 35

REVIVENDO CONCEITOS DE SEGURANÇA E TREINAMENTO

Ao longo dos Capítulos anteriores temos insistido no aspecto "TREINAMENTO" como uma das mais importantes atividades voltadas à prevenção de acidentes.

Isso tem sua lógica: alguém bem treinado e sabedor dos riscos existentes em seu trabalho dificilmente sofrerá acidentes, ou, melhor ainda, ajudará seus colegas apontando os riscos e sua natureza, auxiliando-os a também prevenirem acidentes.

Muito se tem dito acerca de uma definição precisa de **"TREINAMENTO"**.

Vários e respeitados autores e/ou educadores têm procurado achar uma definição simples e precisa, mas sempre surge algum fator que acaba interferindo nesse processo, principalmente quando erroneamente se crê que treinamento é o recurso que cura todos os males da empresa, como se fora um remédio milagroso. Não é nada disso, como veremos.

Uma organização, pública ou privada, somente subsiste se conseguir suprir a sociedade com bens ou serviços que a comunidade considere valiosos, úteis, necessários ou até mesmo indispensáveis. Para fazer isso com eficácia, a organização necessita operar em um ambiente da mais alta produtividade, qualidade, inovação, estímulo e, principalmente, qualificação de seus trabalhadores.

Essa simples afirmativa nos induz à conclusão de que treinamento é algo que esteja relacionado com essas coisas.

Nos anos 1950, quando a Toyota emergia do caos ocasionado pela guerra, em sua principal fábrica no Japão, localizada na pequena cidade de Toyota, seus dirigentes passaram a perseguir objetivos extremamente desafiadores, tais como superar as dificuldades decorrentes do fornecimento de matéria-prima, baixar custos, otimizar prazos, aperfeiçoar os processos fabris e, principalmente, obter um produto final que satisfizesse inteiramente o público consumidor.

Hoje, no mundo todo, a Toyota é símbolo de confiabilidade e qualidade. Seu automóvel Corolla é o mais vendido em toda a história da indústria automobilística, tendo superado com larga vantagem os legendários Volkswagen Fusca e Ford Modelo T. Seu modelo operacional, logo denominado "toyotismo" foi difundido por todas as partes do mundo.

Suas fábricas são extremamente limpas e seguras, seus trabalhadores asseados e seus técnicos trabalham permanentemente no aperfeiçoamento de seus produtos, seus métodos industriais e, principalmente... advinhem... aprofundar cada vez mais o nível de treinamento, conhecimento e envolvimento dos trabalhadores nos negócios da empresa.

Fácil, não? Não! A resposta é, mais uma vez, **TREINAMENTO.**

Resta outra pergunta: por que não se aplicam os princípios do "toyotismo" nas Construções Civis?

Treinamento pode ter várias vertentes, mas prefiro a definição clássica, apregoada por vários e respeitados autores, de que, simplesmente, Treinamento é uma sequência de ações, diversas ações, que visem preencher a lacuna entre um desempenho pessoal insatisfatório para um desempenho pessoal satisfatório.

Isso tudo dentro de uma prática sistematizada e planejada. Usar recursos como bolas de golfe para aumentar a agilidade do operador, como faz a Toyota, pode ser uma dessas formas, aliás, muito criativa.

Nada de imaginar que treinar é colocar um grupo de trabalhadores numa sala de aula, falar-lhes como deve ser o trabalho, dizer "muito obrigado pela atenção" e simplesmente ir embora, como se tivesse cumprido sua missão.

Treinamento não é isso, principalmente quando se trata de treinar para prevenir acidentes.

Este diagrama é uma forma simples de representar a definição acima e parte de uma constatação que precisa ser demonstrada: você só deve treinar alguém quando esse alguém apresente alguma carência de desempenho, que, no caso da Segurança do Trabalho, podem ser várias: desconhecimento do risco, imperícia, falta de informação ou formação técnica ou, ainda, alguma atitude imprópria que possa vir a causar acidentes.

Pode ser também quando se introduz uma nova tecnologia, uma mudança nos processos industriais ou uma alteração estrutural no sistema operacional. Sempre, nesses casos, torna-se necessário suprir a ausência de conhecimentos, habilidades ou atitudes corretas por meio de treinamento.

Fácil, não?

Verifique, a seguir, que treinamento nada mais é do que uma sequência de ações que dependem basicamente de três fatores principais:

1. O que o operador sabe?

2. O que o operador não sabe?

3. Como suprir essas deficiências de conhecimento, ou habilidades, ou até mesmo atitudes que devam ser levadas em conta durante as operações?

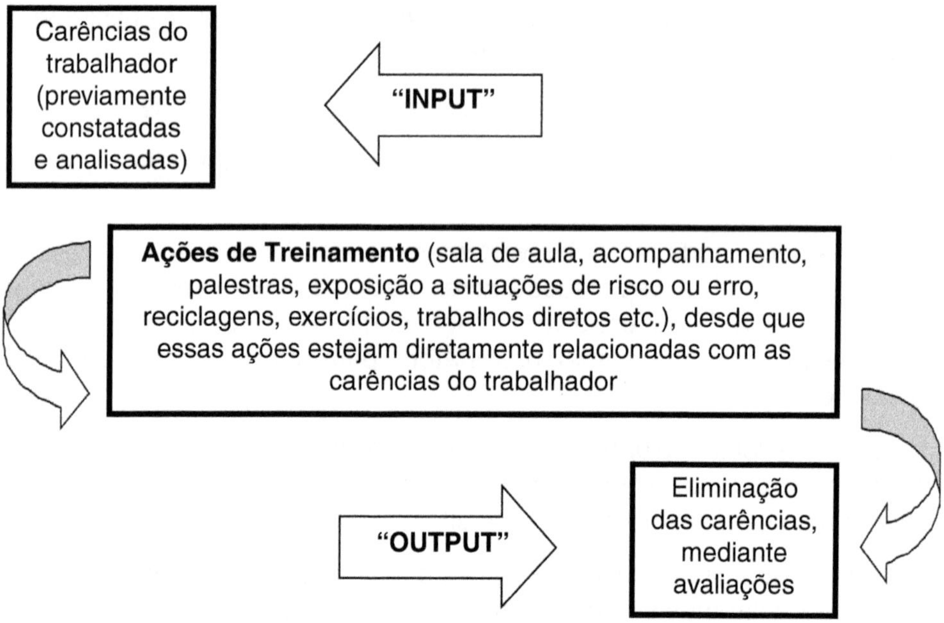

É certo que treinamento não corrige, nem teria como fazê-lo, todas as carências do trabalhador, principalmente quando se trata de prevenção de acidentes ou doenças ocupacionais, já que nesse campo a cada dia surgem novas necessidades, novas tecnologias e novas situações que podem demandar a necessidade de novas ações de treinamento.

Há inúmeras técnicas de treinamento que vêm sendo aplicadas com sucesso desde há muito, dentre as quais se destaca o **MÉTODO DOS QUATRO PASSOS**:

1) mostre;

2) explique;

3) faça executar; e

4) confira.

Esse é um método que pode ser aplicado com êxito em Segurança do Trabalho, como, por exemplo, quando uma nova máquina operatriz é introduzida: mostre quais são os riscos e explique sua natureza. A seguir, submeta o trabalhador a um teste operacional; confira (com rigor) se todos os passos exigidos para uma operação segura foram tomados.

Quer saber de uma coisa? Esse Método dos Quatro Passos foi criado em 1910, nos Estados Unidos, principalmente para marinheiros da nova frota de navios daquele país, dentre os quais se destacava o legendário USS Texas. Foi utilizado inclusive na Primeira Guerra e aperfeiçoado na Segunda, já bem melhorado, com a adoção de técnicas que englobavam novos conhecimentos e métodos de treinamento e aprendizagem. O sucesso por vários anos do USS Texas não teria sido possível sem que seus marinheiros estivessem absolutamente treinados para as missões nas quais foi envolvido.

Estima-se que, durante todos os anos em que esteve na ativa, o USS Texas tenha navegado e abatido incontáveis naves inimigas.

Cerca de 500 mil marinheiros teriam trabalhado nessa nave, ao longo de sua vida útil, todos absolutamente treinados e conscientes de suas tarefas.

Durante 40 anos, essa nave serviu às Forças Armadas americanas. Pergunta-se: como teria sido possível manter operando uma tão complexa máquina, combatendo mares afora, sem que seus tripulantes tivessem sido amplamente treinados em suas mais complexas operações?

A única resposta é Treinamento. Todos os que entravam na nave recebiam instruções detalhadas, principalmente daqueles que saíam ou se aposentavam.

Esse é um exemplo de que o tempo não é nosso inimigo, mas apenas nosso aliado, quando se tratar de aprendizagem e ensinamentos.

Isso só vem a demonstrar que a pressa é inimiga da perfeição.

Ao falarmos de problemas e riscos de acidentes na Construção Civil, logo nos vêm à mente os prazos e os compromissos de entrega da obra na data acertada em contrato. Sim, isso faz parte da negociação entre o contratante e a empreiteira contratada. Todavia, não se pode permitir que trabalho algum seja feito de "afogadilho", sem que as normas corretas de segurança sejam observadas e, principalmente, que o pessoal envolvido na obra esteja devidamente treinado para exercer as várias etapas exigidas pela legislação, pelo PCMAT e sobretudo pelas autoridades encarregadas de fiscalizar a obra.

CAPÍTULO 36

PROGRAMA DE SEGURANÇA DO TRABALHO

Toda empresa, seja ela voltada à Construção Civil ou outra atividade onde haja trabalhadores e, por conseguinte, exposição a qualquer tipo de risco de acidente, deve manter um programa específico para a segurança, assim como mantém um programa de qualidade, de manutenção ou outro tipo de atividade que requeira padronização de procedimentos.

Em matéria de Segurança do Trabalho, também se faz necessário elaborar e cumprir (e fazer cumprir) os preceitos voltados à prevenção de acidentes.

Um programa de segurança deve abranger pelo menos quatro itens básicos:

1. APOIO ATIVO E IRRESTRITO DA ALTA DIREÇÃO

Isso significa que a alta direção da empresa não deseja apenas cumprir a legislação pertinente à Segurança do Trabalho, mas apoia de forma ativa toda e qualquer iniciativa visando prevenir acidentes, inclusive investindo todos os recursos necessários para tal finalidade;

2. RESPONSABILIDADE TOTAL DAS CHEFIAS

O termo "chefia", neste caso, abrange todos os níveis hierárquicos da empresa, tais como gerentes, supervisores, encarregados, líderes de turma e, no caso da Construção Civil, os assim chamados "mestres de obra". O princípio que norteia este item é simples, assim como cada agente de chefia tem responsabilidades técnicas e responsabilidades administrativas.

Ainda comentando este mesmo item, cabe ressaltar que dentre suas principais tarefas, como dito acima, estão atividades técnicas e atividades administrativas para atingir as metas de produção. Veja a descrição a seguir:

"PRODUÇÃO" REQUER CAPACIDADE DE PLANEJAR, ORGANIZAR, CONTROLAR E DIRIGIR UMA EQUIPE E EXIGE DO AGENTE DE CHEFIA:

Conhecimentos técnicos para atingir as metas de:	Habilidades administrativas para:
1. QUALIDADE	1. MOTIVAR
2. QUANTIDADE	2. TREINAR
3. CUSTOS	3. ORIENTAR
4. PRAZOS	4. DELEGAR

Se não preencher plenamente todos esses oito requisitos, o supervisor não conseguirá exercer plenamente suas funções nem tampouco atingir as metas de trabalho. Repare no item dois das Habilidades administrativas: TREINAMENTO. Ninguém melhor que o supervisor para conhecer cada operador, suas preferências, suas carências, suas deficiências e necessidades de treinamento.

3. MANUTENÇÃO DE EQUIPE TÉCNICA ESPECIALIZADA

A legislação atual exige a manutenção de engenheiros de segurança, técnicos de Segurança do Trabalho, médicos do Trabalho e enfermeiros, tudo em conformidade com o disposto na NR-4, observando-se o número de empregados da empresa e o grau de risco existente. O número da equipe técnica varia segundo esses fatores. Deve-se mencionar que os membros da CIPA e os membros da Brigada de Incêndio também são peças importantes coparticipantes da equipe técnica e podem prestar valioso auxílio na identificação de riscos e sua prevenção.

4. EXECUÇÃO DO PROGRAMA DE SEGURANÇA POR TODOS OS TRABALHADORES

Os trabalhadores em geral são os destinatários das medidas de segurança adotadas pela empresa. Devem ser claramente conscientizados disso, principalmente por meio de palestras orientativas. Nesse particular, os agentes de chefia de 1ª Linha, principalmente os mestres de obra, têm papel decisivo, pois melhor do que ninguém conhecem seus subordinados, suas carências, suas necessidades e (perigo!) o desconhecimento dos riscos a que se expõem. Atividades adicionais como SIPATs, obrigatórias por Lei, cartazes, palestras com especialistas etc. auxiliam muito na conscientização dos trabalhadores. Um item que deve ser continuamente observado pelos agentes de chefia é o uso correto dos EPIs — Equipamentos de Proteção Individual, pois muitas vezes o trabalhador "esquece" que deveria usá-lo, principalmente em operações de risco. Deve também ser conscientizado de que o EPI pode não evitar o acidente, mas é um importante meio de evitar que o trabalhador venha a sofrer lesões decorrentes de um fato inesperado.

Se sua empresa tiver um programa de segurança que atribua responsabilidades à alta direção, à gerência em geral (em todas as suas áreas de atuação), à supervisão de primeira linha, incluindo os assim chamados mestres de obras e, finalmente, aos empregados em geral, você estará trabalhando em um lugar livre de riscos.

Embora acidentes possam ocorrer, por uma causa ou outra, eles serão minimizados à medida que cada um pratique aquilo que lhe é designado pelo Programa de Segurança da empresa. Faça com que esse Programa seja ativo. Use seus conhecimentos técnicos e sua arte para convencer a todos que fazer segurança é o melhor negócio.

Afinal, vale a máxima proferida por Alfred P. Sloan, presidente da General Motors por quase 30 anos, logo após sua consolidação, ao se dirigir, em 1918, ao conselho diretivo da empresa, recém-constituído: "Não estamos aqui para fabricar automóveis, mas para ganhar dinheiro fabricando automóveis... Não pretendo expor aqueles que sabem fabricar automóveis a riscos desnecessários de virem a sofrer acidentes".

Nascia ali o Programa de Segurança da GM, o qual continha sete itens e que perdura até hoje em todas as suas fábricas.

Desejo que vocês, técnicos ou engenheiros de Segurança, e aos médicos e enfermeiros do Trabalho que militam na área e dão todos os seus esforços na melhoria das condições de trabalho dos empregados em geral e fazem da segurança um "estado de espírito", o mais amplo sucesso no seu labor.

Boa sorte!

Mantenho-me à disposição de todos pelo e-mail:

flaviorivero@estadao.com.br.

Grato,

Flávio Rivero Rodrigues

BIBLIOGRAFIA

GONÇALVES, Edwar Abreu. *Manual de segurança e saúde no trabalho.* 5. ed. São Paulo: LTr, 2011.

_______. *Segurança e medicina do trabalho em 1.200 perguntas e respostas.* São Paulo: LTr, 2000.

JORNAL O ESTADO DE SÃO PAULO. Edição de 5 de dezembro de 2010. p. B14.

LEWIS, Richard J. *Dangerous properties of industrial materials.* Wiley-Interscience Publication.

MICHEL, Oswaldo. *Acidentes do trabalho e doenças ocupacionais.* 2. ed. São Paulo: LTr, 2009.

OLIVEIRA, Cláudio A. Dias de. *Passo a passo dos procedimentos técnicos em segurança e saúde do trabalho na área de construção.* São Paulo: LTr, 2002.

PONZETTO, Gilberto. *Mapa de riscos ambientais.* 2. ed. São Paulo: LTr, 2010.

REVISTA PROTEÇÃO. Várias edições.

TRINDADE, Washington Luiz da. *Riscos do trabalho.* São Paulo: LTr, 1998.

ZOCCHIO, Álvaro. *Como entender e cumprir as obrigações pertinentes a segurança e saúde no trabalho.* 2. ed. São Paulo: LTr, 2008.